Rudolf Kaiser

Die Erde ist uns heilig

HERDER / SPEKTRUM

Band 4079

Das Buch

„Meine Worte sind wie Sterne, die nicht untergehen" (Chief Seattle) – die Stimme der Indianer verklingt heute nicht mehr ungehört. Sie trifft den Nerv einer Zeit, der der Fortschritt zum Alptraum geworden ist. Sie erinnert daran, daß wir wieder im Einklang mit der Natur leben und zur Harmonie von Leib und Seele zurückfinden können. Jahrhundertelang gab es tödliche Konflikte zwischen den weißen, europäischen Einwanderern und den alten indianischen Einwohnern des amerikanischen Doppelkontinents. Die Indianer verloren neben ihrem Land auch ihre Kultur, ihre Religion und oft genug ihr Leben. Große indianische Führer haben in eindrucksvollen Reden immer wieder ihre Ansichten, ihre Gefühle, ihre Hoffnungslosigkeit, aber auch ihre Wertvorstellungen in manchmal erschütternden Worten zum Ausdruck gebracht. Rudolf Kaiser hat aus einem Zeitraum von 200 Jahren die wesentlichen Texte ausgesucht, übersetzt und neu erschlossen. Unsere eigenen Begriffe, unsere Handlungen gegenüber Mensch und Natur werden hier in Frage gestellt. Zu uns spricht eine faszinierende Stimme, beschwörend, prophetisch, poetisch: die Überlebensweisheit einer großen Kultur.

Der Herausgeber

Rudolf Kaiser, Dr. phil., geb. 1927, Professor für Anglistik, Institut für Angewandte Sprachwissenschaft an der Universität Hildesheim. Seit Jahren beschäftigt er sich mit den Indianerkulturen Nordamerikas. Er hat zahlreiche indianische Texte ediert und einer breiten Öffentlichkeit zugänglich gemacht. Als erster hat er die Frage der Authentizität und Echtheit der Rede des Chief Seattle untersucht und beantwortet. Bei Herder/Spektrum in Vorbereitung: Indianischer Sonnengesang (erscheint 1992).

Rudolf Kaiser

Die Erde ist uns heilig

Die Reden des Chief Seattle
und anderer indianischer Häuptlinge

Herder

Freiburg · Basel · Wi

*Mit Dank
für Michaela*

Originalausgabe

2. Auflage

Herstellung: Freiburger Graphische Betriebe 1992
Umschlaggestaltung: Joseph Pölzelbauer
Umschlagfoto: Bryce Canyon Nationalpark,
Utah, USA © Bavaria-Bildagentur, Gauting 1992
ISBN 3-451-04079-4

Was ist das Leben?

Es ist das Aufleuchten eines
Glühwürmchens
in der Nacht.
Es ist der Atem eines Büffels im Winter.
Es ist der kleine Schatten,
der über das Gras eilt
und sich im Sonnenuntergang verliert.

(Die letzten Worte
des Blackfoot-Indianers
Crowfoot;
1821–1890)

„Sie (die Indianer) waren die ursprünglichen Besitzer des Landes, das wir jetzt besitzen. Sie wurden von Ort zu Ort getrieben. Der Kaufbetrag, der ihnen in einigen Fällen gezahlt wurde für das, was sie ihr eigen nannten, hat sie gleichwohl arm gelassen. Wenn sie sich auf einem Stück Land niedergelassen hatten, das wir ihnen durch Vertrag zugeteilt hatten, und wenn sie dann begonnen hatten, sich selbst mit ihrer eigenen Hände Arbeit zu ernähren – dann wurden sie in vielen Fällen wieder grob fortgejagt und in die Wildnis hineingestoßen. Viele – wenn nicht die meisten – unserer Indianerkriege hatten ihren Ursprung in gebrochenen Versprechungen und in Übergriffen von unserer Seite."

(Präsident
Rutherford B. Hayes
in seiner ersten Jahres-
botschaft an den Kongreß
in Washington
im Jahre 1877)

Inhalt

Vorwort

Wir sprechen gern und mit Stolz von der „Entdeckung Amerikas" durch den Europäer Christoph Columbus am 12. Oktober des Jahres 1492. Dabei vergessen wir meistens zu erwähnen, daß der amerikanische Doppelkontinent schon viele tausend Jahre zuvor von Menschen „entdeckt" und auch besiedelt worden war. Diese waren von Asien über die Behringstraße nach Alaska und von dort im Laufe von Jahrhunderten weiter nach Süden bis zur Südspitze Südamerikas, also bis Feuerland, vorgedrungen.

Amerika war also bereits durchgehend – wenn auch zumeist nur dünn – besiedelt, als sich in den Jahrhunderten nach der „Entdeckung" durch Columbus Europäer in Amerika niederließen. Zwar empfingen die Ureinwohner die Neuankömmlinge aus Europa zunächst freundlich; waren sie doch der Ansicht, daß es genug Land gebe für alle. Trotzdem mußte die wachsende Zahl der Einwanderer und ihr oft arrogantes Verhalten gegenüber den eingeborenen Indianern eines Tages zu Auseinandersetzungen führen.

Es kam hinzu, daß Europäer eine andere Vorstellung von Grund und Boden hatten als Indianer. Für diese war das Land ein Geschenk Gottes an alle Menschen eines Volkes. Privateigentum an Grund und Boden kannten sie deshalb nicht. Manchen von ihnen erschien dieser

Eigentumsbegriff geradezu gotteslästerlich. Denn wie die Luft und das Wasser, so war auch das Land letztlich Eigentum des Großen Geistes, über das kein Mensch nach Gutdünken verfügen konnte.

Bei solchen weltanschaulichen Unterschieden waren Spannungen und schwerwiegende Mißverständnisse zwischen beiden Seiten unausweichlich. Wenn es dann zum Kampf und zum Krieg kam, waren die Indianer aufgrund ihrer weniger entwickelten Technik immer die Verlierer. So ist der Weg der Weißen durch grauenhafte Auseinandersetzungen, durch Vertreibung und Völkermord gezeichnet. Sie gewannen einen Doppelkontinent, während die Indianer neben ihrem Land auch ihre Kultur, ihre Religion und oft genug ihr Leben verloren. Der Leidensweg der Überlebenden endete dann in Nordamerika häufig in Reservationen.

Erst heute nimmt die Zahl der Indianer in Nordamerika wieder merklich zu, und viele von ihnen drängen aus den Reservationen in die Welt der Weißen.

Zwischen Weißen und Indianern herrschte in den vergangenen Jahrhunderten aber nicht nur Krieg und Vertreibung vor: Es gab auch zahlreiche politische Gespräche, Verhandlungen und Konferenzen. Dabei ging es meistens um die Forderung der Weißen, daß die Indianer mehr Land abtreten sollten. Oft endeten solche Verhandlungen in schriftlichen Verträgen, die den Weißen viel Land bescherten und den Indianern zunächst meistens einen Teil ihres Landes als „Reservation" zusicherten.

Kaum einer dieser Verträge wurde jedoch von den Weißen gehalten, wenn der Bevölkerungsdruck bei ihnen wuchs oder wenn sie auf Indianergebiet Gold oder andere Bodenschätze entdeckten. Dann wurde bald auch das den Indianern zunächst „reservierte" Land von Weißen besiedelt. Bis heute werfen die Indianer den Weißen vor, jeden der über 300 Verträge gebrochen zu haben.

Bei den genannten Verhandlungen hielten natürlich die Vertreter beider Seiten Reden, um ihre Anliegen und Ansichten darzulegen. Die Reden der Indianer wurden oft an Ort und Stelle von Regierungsdolmetschern aus der jeweiligen indianischen Sprache ins Englische übersetzt und in dieser Form von den Protokollführern festgehalten. Im Nationalarchiv der USA in Washington, wo diese Dokumente lagern, kann man viele der bei diesen Gelegenheiten gehaltenen Reden in den Protokollen nachlesen. Wie genau allerdings die tatsächliche indianische Rede in einem Dokument niedergelegt wurde, hing von der oft sehr unterschiedlichen Kompetenz der Dolmetscher und der Protokollanten ab. Man wird sich also nicht in jedem Falle auf den Wortlaut verlassen können.

Indianer befanden sich bei diesen Verhandlungen nahezu immer in der schwächeren Position. Sie waren zwar die Besitzer des Bodens, aber sie wußten auch, daß sie sich dem Druck der ihnen überlegenen Weißen letztlich nicht widersetzen konnten. In diesen und anderen ähnlich tragischen Situationen haben indianische Führer ihre Ansichten, ihre Gefühle, ihre Bitterkeit, oft genug ihre Hoffnungslosigkeit in eindrucksvollen, manchmal erschütternden Worten zum Ausdruck gebracht.

Eine Auswahl der bedeutendsten Indianerreden wird in diesem Band vorgelegt.

In allen diesen Ansprachen werden den Zuhörern/ Lesern indianische Einstellungen deutlich gemacht. Wir erkennen hier also zum einen, was führende Indianer als indianisches Denken verstanden und als indianische Position verkündet haben. Wir sehen daher Indianer einmal nicht aus unserem Blickwinkel, sondern wie sie sich selbst gesehen haben.

Zum anderen hören und lesen wir, was Indianer vom Denken, von der Kultur Europas – wie sie diese erfuhren und verstanden – gehalten haben. Unsere eigenen Begriffe, Weltansichten, Werte und Handlungen gegenüber Mensch und Natur werden hier in Frage gestellt. So können wir uns selbst und unsere eigene Kultur einmal aus der Perspektive führender Vertreter einer anderen Kultur betrachten.

Die hier vorgelegten Reden umspannen einen Zeitraum von 200 Jahren: Die erste, Chief Logans Rede, wurde im Herbst 1774 gehalten – die letzten zwei Reden wurden von Chief Dan George im Jahre 1976 veröffentlicht. Die Reihenfolge der Reden in diesem Buch entspricht etwa ihrer historischen Abfolge. So kann der Leser etwas von der Entwicklung der Beziehungen zwischen Weiß und Rot in Nordamerika während der letzten 200 Jahre erfahren.

Im Zentrum dieser Auswahl berühmter Indianerreden stehen die Ansprachen von Red Jacket, Chief Joseph und Chief Seattle. Durch ihre Länge, ihre eindrucksvolle Darlegung indianischer Grundüberzeugungen und durch ihre rhetorische Kraft zeichnen sich diese Reden besonders aus. Mit Ausnahme der langen Rede Chief Josephs sind sie deshalb auch ohne Kürzungen abgedruckt.

Mehrere dieser Redetexte und die zugehörigen Erläuterungen sind auch in den (nicht mehr lieferbaren) Bändchen abgedruckt:

Rudolf Kaiser, Dies sind meine Worte, Münster, F. Coppenrath Verlag 1987; Rudolf und Michaela Kaiser, Diese Erde ist uns heilig – Legende und Wirklichkeit der Reden des Häuptlings Seattle, Münster, Edition Iris Blaschzok, 1984 ff.

Die indianischen Texte wurden von mir ausgewählt und erläutert und aus dem Englischen ins Deutsche übertragen. Die Übersetzung der zwei Versionen der Reden des Häuptlings Seattle stammt von Michaela Kaiser.

Frau Elisabeth Steinort und Frau Annette Linde, beide Hildesheim, gilt mein Dank für die sorgfältige Erstellung des Manuskripts.

Rudolf Kaiser

Einführung

*„Ein Indianer
braucht nichts Geschriebenes"*

Das Land! Spürst du es nicht?
Läßt es nicht in dir den Wunsch entstehen, hinauszuge-
hen und tote Indianer behutsam aus ihren Gräbern zu
heben, um von ihnen eine gewisse Glaubwürdigkeit
und Authentizität zu stehlen – so als müßte diese noch
an ihren toten Körpern haften?

(William Carlos Williams,
amerikanischer Dichter,
1883–1964)

Die Redekunst eines Volkes spiegelt die wichtigsten
Probleme, die es betreffen, und die Werte, die seine Entscheidung leiten.

(W. C. Vanderwerth)

Zwei Fragen sind es vor allem, die sich bei der Lektüre dieser Redetexte aufdrängen. Zum einen: Welche Rolle hat die Rhetorik, die Kunst des Redens, in indianischen Gesellschaften allgemein und in ihrer Auseinandersetzung mit den Weißen im besonderen gespielt? – Zum anderen: Wie ist es mit der Überlieferung dieser Redetexte bestellt, wie echt und wie authentisch sind die hier abgedruckten Reden?

Zur ersten Frage: In der Erziehung indianischer Kinder spielte die Kunst des öffentlichen Sprechens von Anfang an eine größere Rolle als etwa in unserer Erziehung. Warum?

Ein Blick auf bestimmte Grundstrukturen indianischer Kulturen läßt uns Antworten finden. So wissen wir, daß nordamerikanische Indianer keine Schriftsprache entwickelt hatten. Vielmehr sind erst in den letzten Jahrhunderten und Jahrzehnten eine Anzahl von indianischen Sprachen zum ersten Male – häufig unter Mitwirkung von Weißen – in schriftlicher Form dargestellt worden. Das bedeutet, daß sich Indianer nie auf das geschriebene Wort verlassen konnten, daß vielmehr das ganze Gewicht von Sprache, Mitteilung, Kommunikation und literarischer Gestaltung auf dem gesprochenen Wort lag. Programmatisch hat das der Sioux-Indianer Ohiyesa ausgesprochen, wenn er in seinen Werken wiederholt feststellt, mündliche Literatur sei ebenso legitim wie geschriebene Literatur und die Existenz eines Alphabetes garantiere nicht spirituelle Harmonie und Reinheit.

Der Sioux-Indianer Four Guns stellte im Jahre 1891 fest: „Immer wenn Weiße zusammenkommen, wird geschrieben. Wenn wir etwas Zucker oder Tee kaufen, sehen wir, wie der weiße Händler geschäftig in ein Buch schreibt; sogar der weiße Doktor schreibt auf einem Stück Papier, wenn er neben seinem Patienten sitzt. Die Weißen müssen wohl meinen, Papier habe irgendeine geheimnisvolle Kraft, um ihnen in der Welt weiterzuhelfen. Ein Indianer braucht nichts Geschriebenes; Worte, die wahr sind, sinken tief in sein Herz, und dort bleiben sie; er vergißt sie niemals. Wenn der Weiße aber seine Papiere verliert, ist er hilflos. Einmal hörte ich, wie einer ihrer Prediger sagte, daß kein Weißer in den Himmel hineingelassen werde, wenn es nicht etwas Geschriebenes über ihn in einem großen Buch gebe." (Virginia Armstrong Jones: „I Have Spoken", S. 130 f.)

Einmal stritten ein Vertreter der amerikanischen Regierung und ein Indianer über den Inhalt eines früheren Vertrages über Landabtretung. „Du hast es vergessen. Wir haben es auf Papier niedergeschrieben" sagte der Regierungsvertreter. „Dann lügt das Papier", antwortete der Indianer spontan, „ich habe es hier niedergeschrieben." Dabei berührte er seine Stirn mit der Hand. Die anschließende Lektüre des Textes gab dem Indianer recht (L. T. Jones).

Eine andere Besonderheit der indianischen Sprachenlandschaft verstärkte außerdem die Rolle von Gestik, Bewegung und Mimik bei diesen Menschen: In Nordamerika gab es – und zum größeren Teil gibt es sie noch heute – mehrere hundert gänzlich verschiedene und voneinander völlig unabhängige Sprachen. Es gab und gibt also nicht die indianische Sprache. (Allein die etwa 20 Dörfer der Pueblo-Indianer in Neu-Mexiko teilen sich heute noch in vier verschiedene Sprachgruppen auf.)

Da nun nicht immer Dolmetscher zur Verfügung standen, wenn Angehörige verschiedener Sprachgruppen einander begegneten, hatten Indianer eine Zeichensprache (,sign language') entwickelt, die in großen Regionen des Landes verstanden und als Kommunikationsmittel benutzt wurde. Indianer verließen sich beim Sprechen der Zeichensprache ganz auf ihre Hände, und es gab auch hier gewisse Variationen der Zeichen von Gegend zu Gegend – gewissermaßen Dialekte der Zeichensprache. Doch konnten sich zum Beispiel Indianer vom oberen Missouri mit solchen von den südlichen Prärien ohne Schwierigkeiten in dieser Zeichensprache unterhalten.

Überhaupt erreichte die Zeichensprache ihre größte Perfektion zwischen dem Mississippi und den Rocky Mountains einerseits, zwischen dem südlichen Kanada und dem Rio Grande andererseits. Bei Sprechern, die in dieser Sprache Experten waren, war die Unterhaltung gekennzeichnet durch „Schönheit und fließende Anmut", war im Idealfalle „Poesie der Bewegung" (John Upton Terrell). Für Weiße mußte die Zeichensprache in der Regel in ähnlicher Weise übersetzt werden wie die verbalen Stammessprachen. In unserem Zusammenhang ist dabei wichtig, daß diese Schulung in Bewegung und Gestik – ähnlich wie die Schulung eines Schauspielers oder eines Pantomimen – auch die Gestaltung der mündlichen Darlegungen verfeinerte und kultivierte.

Auch folgendes sicherte der Rhetorik einen wichtigen Platz im indianischen Leben: Indianische Häuptlinge besaßen in indianischen Gesellschaften nicht die absolute Macht, die europäische Fürsten oder Könige in vergangenen Jahrhunderten innehatten. Auch die gesetzlichen Bindungen und Verpflichtungen, denen wir selbst heute in einem demokratischen Staat unterworfen sind, bestanden in indianischen Gesellschaften nicht in gleicher Weise. Wenn ein junger Mann einem Häuptling nicht in einen Krieg folgen wollte, so konnte ihn – bei den meisten Stämmen – niemand dazu zwingen. Vielleicht mußte er sich den Spott der Dorfbewohner gefallen lassen, vielleicht sogar soziale Ächtung. Aber niemand konnte ihn zwingen, in einen Krieg zu ziehen.

Die Macht der Häuptlinge, die nicht formal und gesetzlich geregelt war, bestand also vor allem in ihrem Vorbild und in ihrer Überzeugungskraft. Überzeugen, vielleicht auch Überreden, war das wichtigste Verfahren ihrer Führung und die Grundlage ihrer Macht – nicht Befehlen. So ist es verständlich, daß der überzeugendere Redner in der Regel auch der bessere Führer war. Rednerische Begabung war eine der wichtigsten Voraussetzungen eines Mannes für die Wahl zum Häuptling. Dieses ging so weit, daß bei den Azteken ein und dasselbe Wort für „Häuptling" und „Redner" gebraucht wurde. Tatsächlich waren die größten Redner oft die größten Häuptlinge – und die bedeutendsten Häuptlinge oft die besten Redner. In dieser Form einer direkten Demokratie – vergleichbar der griechischen Polis – besaß derjenige Politiker die größte Autorität und Macht, der seine Ansichten am überzeugendsten darlegen konnte.

Schließlich ist im Hinblick auf indianische Redekunst eine weitere Besonderheit indianischer (und anderer naturverbundener) Kulturen zu nennen, nämlich die Tradition des „story-telling", des Erzählens von Geschichten. Die mündliche Übermittlung von Mythen, Märchen, Legenden und auch „einfachen" Geschichten war der einzige Weg, die eigenen geistigen Traditionen, die religiösen Überzeugungen und die Erfahrungen vergangener Generationen, die ja nirgends niedergeschrieben waren, an die nächste Generation weiterzugeben.

„Lange Winterabende verbringt man oft damit, Geschichten verschiedener Art zu erzählen und ihnen zu lauschen. Einige von ihnen sind einfach die Berichte der Männer über ihre eigenen Heldentaten, ihre Jagden und Reisen; einige sind Erzählungen der wundersamen Abenteuer verstorbener Helden; viele bestehen aus Erfindungen von Zauberkraft und Magie, voll unmöglicher Geschehnisse. (. . .). Einige alte Männer genießen einen großen Ruf als Geschichtenerzähler, und sie werden in die Häuser eingeladen und dort von denen bewirtet, die begierig darauf sind, ihnen zuzuhören. Gute Geschichtenerzähler erfinden oft neue Geschichten und bekennen sich zu ihrer Erfindung. Wenn Menschen verschiedener Stämme zusammenkommen, tauschen sie häufig Geschichten aus. Ein alter Indianer kann mehrere Stunden damit verbringen, eine Geschichte mit viel anmutiger und minuziöser Beschreibung zu erzählen." (Washington Matthews)

Viele verschiedene Faktoren – das Fehlen einer Schriftsprache, die Existenz einer Zeichensprache, die besondere Struktur indianischer Führung und die Liebe zum Erzählen von Geschichten – haben also in indianischen Kulturen zu einer Kultivierung der mündlichen Ausdrucks- und Gestaltungsfähigkeit, der Redekunst oder Rhetorik, beigetragen. Die Liebe von Indianern zu rhetorischen Darbietungen war und ist unübersehbar. Noch heute faszinieren uns die rhetorischen Qualitäten vieler Reden: ihr Reichtum an Bildern, an konkreter Anschaulichkeit, an Poesie; die Brillanz des Ausdrucks, die Klarheit des Stils, das Spiel mit Wiederholungen, Antithesen und Metaphern; das Geschick im Argumentieren, der versteckte Witz, die Überzeugungskraft: insgesamt überrascht und überzeugt der hohe Grad an Beredsamkeit.

Diese Reden beweisen, daß unser Stereotyp von dem in stoischer Ruhe vor sich hin sinnenden, nahezu sprachlosen Indianer der Revision bedarf. Zwar war und ist Schweigen eine wichtige Kunst bei vielen indianischen Völkern, ist sozusagen die eine Hälfte des Redens. Vor allem bei der Begegnung mit Fremden gibt es ein verbreitetes indianisches Verhaltensstereotyp des Schweigens und Abwartens. Doch wo Indianer in vertrauter Runde beisammensitzen, sind sie in aller Regel sehr gesprächig, mitunter gar redselig.

Mit der Redekunst von Indianern ging ein ausgezeichnetes Gedächtnis einher. Dieses war „die Bibliothek" des Redners, da es keine Notizen als Gedächtnisstütze gab. Und die Antworten auf Argumente anderer (oft weißer) Redner mußten sich ganz auf das eigene Gedächtnis verlassen. Häufig war auch Auswendiglernen und wörtliches Rezitieren gefordert: so etwa bei Gebeten oder bei Heilungszeremonien, weil sonst der genaue Text verlorengegangen wäre und weil die Wirksamkeit der Worte – etwa bei Heilungszeremonien – nach indianischer Auffassung von der wörtlichen Wiedergabe abhing.

Hiermit verband sich bei Indianern die Überzeugung, daß Sprache schöpferisch ist. Nach indianischer Auffassung besitzt das gesprochene Wort ein Leben eigener Art und Würde. Denn Sprache schafft Sinn. Ein Beispiel dafür sind Mythen und Geschichten, die der Mensch erzählt, um seine Erfahrung zu ordnen und ihr Sinn zu geben. „Ein Wort hat Kraft in und aus sich selbst. Es kommt aus nichts zu Laut und Bedeutung; es gibt allen Dingen ihren Ursprung. Mit Hilfe von Worten kann der Mensch als ein Ebenbürtiger mit der Welt umgehen. Und das Wort ist heilig." (N. Scott Momaday, Kiowa-Indianer, geb. 1934).

Eine menschliche Erfahrung wird dann zu einer „story", wenn die menschliche Imagination, die Vorstellungskraft, dem historischen Geschehnis einen Sinn verleiht. Deshalb ist das Erzählen von Geschichten, und somit Sprache, kreativ und sinnstiftend – und damit heilig.

Gelegenheiten zum Reden gab es ohne Zahl. Stammesversammlungen und Friedensräte waren (neben dem genannten Erzählen von Geschichten) vielleicht die wichtigsten. Das traditionelle politische System der meisten Indianerstämme beruhte auf dem Konsensprinzip, das heißt, es wurden so lange Besprechungen, Beratungen, Diskussionen und Debatten geführt, bis sich eine einsinnige Meinung abzeichnete. (Das Regieren mit dem Gegensatz von Majorität und Minorität war ihnen traditionell nicht geläufig; es verstieß durch seinen Gegensätze stiftenden Charakter gegen ihr Konzept von Harmonie, nach dem sie die Welt geordnet sahen.)

Natürlich erhielt jeder einzelne der Anwesenden Gelegenheit, seine Meinung zu sagen. Es widersprach einer verbreiteten indianischen Verhaltensnorm, jemanden beim Sprechen zu unterbrechen. Darin drückte sich Respekt vor der Kraft des Wortes und Respekt vor der anderen Person aus. Auch spiegelte es die verinnerlichte Überzeugung, daß jeder Mensch das Recht habe, seine Meinung zu sagen, ohne unterbrochen zu werden. Im politischen Geschäft bedeutete diese Einstellung natürlich, daß sich Beratungen oft tagelang hinzogen und der anschließende Beschluß den kleinsten gemeinsamen Nenner wiedergab. In jedem Falle aber boten solche Versammlungen Gelegenheit, die Kunst der Rede zu demonstrieren und möglichst wirksam einzusetzen.

Heute haben auf jeder Indianerreservation mit der Kultur der Weißen auch schulische Bildung, Bücher, die Beherrschung der (zumeist englischen) Schriftsprache Einzug gehalten, und die Tradition der indianischen Redekunst geht zunehmend verloren. Gleichwohl kann man in Versammlungen von Stammesräten, die nun nach dem Majoritätsprinzip der Weißen arbeiten, manchmal einen letzten Eindruck einer ehemals hochentwickelten Redekultur erhalten.

Wenn wir uns nun der Frage der Überlieferung und damit der Authentizität der Redetexte zuwenden, dann erkennen wir schnell, daß wir uns auf schwankendem Boden bewegen. In manchen Fällen sind nur Exzerpte, nur Auszüge der tatsächlich gehaltenen Reden überliefert worden. Hinzu kommt: Die meisten Reden wurden in der indianischen Muttersprache des Redners gehalten und dann von einem Dolmetscher ins Englische übersetzt. Nun ist aber jede Übersetzung mehr als das Auswechseln eines Gewandes – sie ist in Wirklichkeit immer auch eine Interpretation. Und da wir über die Sprachkompetenz der früheren Übersetzer aus den indianischen Sprache ins Englische wenig Kunde haben, ergeben sich weitere Unsicherheitsmomente. Obwohl im Nationalarchiv in Washington zahlreiche Indianerreden in den Protokollen vieler Verhandlungen mit Indianern in englischer Sprache überliefert sind, so bleibt doch zu bedenken, daß wir diese Reden immer nur aus zweiter oder dritter Hand haben.

Unter den hier vorgelegten Reden wird der Text der Reden von Chief Dan George am gesichertsten sein, da Dan George Englisch spricht und die Texte selbst zum Druck gibt. – Die große Rede von Chief Joseph, die er im Januar 1879 in Washington hielt, wird ebenfalls authentisch sein. Chief Joseph hat den Text, nachdem er die Rede im Kongreß gehalten hatte, selbst dem Korrespondenten der Zeitschrift vorgetragen, in der sie kurz danach veröffentlicht wurde.

Die Echtheit der berühmten Kapitulationsrede Chief Josephs vom Oktober 1877 ist dagegen mit einer gewissen Unsicherheit behaftet, da nicht mehr genau feststellbar ist, zu wem Chief Joseph diese Worte gesprochen hat (vgl. Virgil J. Vogel, This Country Was Ours – A Documentary History of the American Indian; New York 1972, S. 170 f.). Allerdings scheint es unbestritten, daß sich Chief Joseph angesichts seiner Niederlage in

24

dieser oder ähnlicher Form geäußert hat. Auch wird die Authentizität dieses Textes dadurch gestützt, daß er schon am 17. November 1877, also nur sechs Wochen nach dem Ereignis, in der Zeitschrift „Harper's Weekly" abgedruckt wurde.

Die Rede Red Jackets ist überliefert worden von „einem Mann, der anwesend war, als sie gehalten wurde, und der sie Satz für Satz niederschrieb, wie sie vom Dolmetscher übersetzt wurde" (James D. Bemis). Hier haben wir den Weg der Überlieferung vorgezeichnet, der ganz ähnlich für die Rede Chief Logans wie für die Rede Seattles gilt:

Der Indianer spricht in seiner Muttersprache, ein Dolmetscher übersetzt den Text ins Englische und ein Protokollant oder ein anwesender Reporter (oder auch einfach ein interessierter Zuhörer) macht sich Notizen von dieser Übersetzung oder bringt sie vollständig zu Papier. (Bei der Rede Chief Logans bedurfte es wohl keines eigenen Dolmetschers, da der General John Gibson die Sprache Logans verstand.)

Der zeitliche Abstand zwischen dem Halten sowie dem Mitschreiben einer Rede (vollständig oder in Form von Notizen) und der schriftlichen Veröffentlichung des Textes war unterschiedlich groß. Bei Chief Logans Rede betrug er einige Tage oder wenige Wochen. Bei Chief Josephs Kapitulationsrede betrug er sechs, bei dessen großer Rede etwa zehn Wochen, bei Red Jackets Rede vier Jahre.

Besonders auffallend ist das Beispiel der Urfassung der Rede Seattles, wie die Darlegungen in der Einführung zu den Redetexten weiter hinten (Seite 61 ff) zeigen: Nicht weniger als 33 oder 34 Jahre lagen zwi-

schen dem Zeitpunkt, an dem die Rede gehalten und
noticrt wurde – und dem Zeitpunkt, an dem sie in einer
Zeitung veröffentlicht wurde. Außerdem sind die Notizen der Rede verschollen, so daß ein Vergleich zwischen
ihnen und der später veröffentlichten Fassung nicht
mehr möglich ist. Und schließlich wurde mehr als 80
Jahre nach der Erstveröffentlichung der Rede – und
mehr als 110 Jahre nach dem Zeitpunkt, an dem die
Rede gehalten wurde – in Amerika ein Text herausge-
bracht und verbreitet, der zwar den Anspruch erhebt,
eine „Rede des Häuptlings Seattle vor dem Präsidenten
der Vereinigten Staaten" zu sein, der jedoch nachweis-
lich in dieser Form erst 1970/71 von einem weißen
Amerikaner geschrieben wurde.

Diese Zusammenhänge habe ich in der Einleitung zu
den Redetexten, die mit dem Namen Seattles verbunden werden, ausführlich untersucht und dargelegt.

Alle hier geäußerten Unsicherheiten bezüglich der
Überlieferung mancher Redetexte und ihrer Authentizität sollten uns jedoch nicht dazu verleiten, den Reden
indianischer Häuptlinge unsere Anerkennung zu ver-
weigern. Der Rang eines Textes bemißt sich in erster
Linie nach seinem Inhalt, nicht nach seinem Autor.
Abgesehen davon können wir, mit Ausnahme der neueren Version der Rede Seattles, davon ausgehen, daß die
anderen Reden gänzlich (Chief Dan George, Chief
Joseph) oder doch wenigstens überwiegend und
grundsätzlich das zum Ausdruck bringen, was ihre
indianischen Redner haben zum Ausdruck bringen wollen und was indianischem Denken entsprochen hat.
Das wird auch von heutigen Indianern bei der Lektüre
dieser Texte bestätigt. *Rudolf Kaiser*

Chief Logan

„Ich appelliere an alle Weißen,
kundzutun,
ob sie jemals
Logans Hütte hungrig betreten haben,
und der gab ihnen
nicht zu essen."

Chief Logan

Ein Fürsprecher des Friedens
(Oktober 1774)

Es war im Herbst des Jahres 1774. In der Nähe des Scioto-Flusses, im heutigen Staat Ohio, gingen ein Indianer und ein Weißer miteinander über ein offenes Feld; sie waren versunken in ein Gespräch.

Der Indianer war der Führer der Mingo, Chief Logan. Der Weiße war General John Gibson, der im Auftrag des Gouverneurs von Virginia, Lord Dunmore, den Indianerführer zu Friedensgesprächen herbeiholen sollte.

Als die beiden Männer eine bewaldete Stelle erreichten, blieben sie stehen, und Chief Logan übermittelte dem weißen General in seiner indianischen Sprache eine Botschaft: Er lehnte die Einladung zu den Friedensverhandlungen ab, betonte aber zugleich seine Bereitschaft zum Frieden.

General Gibson kehrte zum Lager der Weißen zurück und überbrachte dort dem Gouverneur die Botschaft Logans:

Ich appelliere an alle Weißen, kundzutun, ob sie jemals Logans Hütte hungrig betreten haben, und der gab ihnen nicht zu essen; ob sie jemals frierend und nackt zu ihm gekommen sind, und der gab ihnen keine Kleider.

Im Verlauf des letzten langen und blutigen Krieges blieb Logan untätig in seiner Hütte, ein Fürsprecher des Friedens. Solcherart war meine Zuneigung zu den Weißen, daß meine Landsleute mit dem Finger auf mich wiesen, wenn ich vorüberging, und sagten: „Logan ist der Freund der Weißen."

Ich hatte sogar daran gedacht, unter euch zu leben – wenn nicht das Unrecht eines Mannes gewesen wäre. Colonel Cresap ermordete im letzten Frühling kaltblütig und grundlos alle Verwandten Logans und verschonte auch meine Frauen und meine Kinder nicht. Nicht ein Tropfen meines Blutes fließt mehr in den Adern irgendeines lebenden Wesens.

Dieses forderte meine Vergeltung heraus. Ich habe sie gesucht; ich habe viele getötet; ich habe meiner Rache reichlich Genüge getan.

Um meines Landes willen freue ich mich an der Aussicht auf Frieden. Doch gebt nicht dem Gedanken Raum, daß meine Freude aus der Furcht kommt. Logan hat niemals Furcht gefühlt. Er ergreift nicht plötzlich die Flucht, um sein Leben zu retten.

Wen gibt es noch, um Logan zu betrauern?

Nicht einen einzigen Menschen.

Diese Botschaft Logans gilt als eine der berühmtesten Indianerreden in der Geschichte der Vereinigten Staaten. Sie wurde als so eindrucksvoll und so bemerkenswert empfunden, daß sie bald in der „Virginia Gazette" und anderen Zeitschriften Amerikas veröffentlicht und zum „Thema einer jeden Unterhaltung" (Thomas Jefferson) wurde.

Wer war dieser Chief Logan, der „der berühmteste indianische Redner" (Charles Hamilton) genannt worden ist?

Zunächst: Sein indianischer Name war nicht Logan, sondern Tachnechdorus. Als solcher wurde er um das Jahr 1725 wahrscheinlich in dem Ort Auburn im jetzigen Staat New York geboren. Sein uns heute geläufiger Name „Logan" stammt von einem Quäker, der später Gouverneur des Staates Pennsylvania wurde: John Logan, ein Mann, der Indianern sehr respektvoll und aufmerksam begegnete und deshalb bei diesen anerkannt und geachtet war.

Chief Logan akzeptierte offensichtlich den Namen des Weißen, was andeutet, daß er den Weißen freundschaftlich zugetan war: Tatsächlich war er kriegerischen Auseinandersetzungen mit ihnen so sehr abgeneigt, daß er sogar den Spott und den Vorwurf seiner eigenen Landsleute riskierte, er sei ein Freund der Weißen.

Doch dann geschah etwas, was Logan im Innersten verletzte und ihn zum Rächer an diesen Weißen machte: In der Nähe des heutigen Ortes Steubenville, im Staate Ohio, töteten – nachdem einige Indianer einige Weiße beraubt hatten – weiße Siedler eine Reihe von

Logans Stammesangehörigen, darunter auch seine Mutter, seine Geschwister, seine Frau und seine Kinder. Dies war im Frühjahr 1774. Logan nahm Rache. Es gab Krieg zwischen Indianern und Weißen. Dieser zog sich bis zum Herbst des Jahres hin, als die Indianer von der Miliz des Staates Virginia an der Mündung des Great Kanhaway entscheidend geschlagen wurden.

Die Indianer mußten um Frieden nachsuchen, doch Logan weigerte sich, als Bittsteller zu erscheinen. Er unterstützte allerdings die Friedensbemühungen seiner Landsleute. So empfing er den Emissär des Gouverneurs von Virginia, General Gibson, freundschaftlich und sandte durch ihn seine Botschaft an den Gouverneur und die Mitglieder der Friedensverhandlung – eben die hier abgedruckte Rede des Chief Logan.

Der Eindruck dieser Worte auf alle, die den Text hörten oder lasen, war gewaltig. Thomas Jefferson, der Verfasser der amerikanischen Unabhängigkeitserklärung und dritte Präsident der Vereinigten Staaten von Amerika, lernte die Rede in Williamsburg kennen und trug sie umgehend in sein privates „Pocket Account Book" ein. Als Jefferson zehn Jahre später in Paris seine „Notes on the State of Virginia" drucken ließ, nahm er darin Logans Botschaft auf als ein Zeugnis der hervorragenden Redekunst amerikanischer Ureinwohner.

Der Text fand auch Eingang in amerikanische Schulbücher, darunter in das Lesebuch des Dr. William McGuffy, das schon vor 1900 an amerikanischen Schulen außerordentlich verbreitet war und eine Auflage von mehr als 100 Millionen Exemplaren erreichte. So gab es bis zum I. Weltkrieg wohl nur wenige Amerikaner, denen Logans Rede nicht begegnet war. Der Text

war außerdem in vergoldeten Lettern auf einem Denk-
mal zu lesen, das im Jahre 1841 in Pickaway County,
Ohio, dem Andenken Logans errichtet wurde. – Tho-
mas Jefferson erklärte gar, daß alle Redekunst Europas,
eingeschlossen die Reden des Demosthenes und des
Cicero, nichts aufzuweisen hätten, was Logans Rede
übertreffe.

Eine gewaltige Resonanz auf einen so kurzen Text
eines sonst wenig bekannten Indianerhäuptlings! Die
Anklänge an biblische Sprache und Sprachbilder im
ersten Satz der Rede werden ein Grund dafür gewesen
sein. Ein weiterer liegt wohl in der persönlichen Über-
zeugungskraft des Textes, aus dem elementare
menschliche Grundeinstellungen und Grundstimmun-
gen – wie Freundschaft, Hilfsbereitschaft, Friedfertig-
keit, Haß, Rache, Stolz, Trauer – unmittelbar spürbar
und fühlbar werden.

Ein besonderer Grund für die Berühmtheit der Rede
wird aber darin bestanden haben, daß sie wie in einem
Mikrokosmos das Grundmuster weiß-roter Begegnun-
gen und Beziehungen in Amerika erkennen läßt, wie es
sich tausendfach an anderen Orten Amerikas in glei-
chen oder ähnlichen Schritten immer wieder vollzogen
hat: zunächst freundliche Aufnahme der Weißen durch
Indianer; danach provozierte oder nicht provozierte
persönliche Übergriffe von weißen Grenzern gegen
Indianer; als Reaktion darauf Rachezüge von India-
nern; dann das Aussenden einer machtvollen militäri-
schen Expedition weißer Soldaten gegen die Indianer;
schließlich der Sieg über die Indianer, der diesen oft ihr
Land und ihre Existenz kostete.

Logans Geschichte ist also die typische Geschichte

von Indianern in ihrer Auseinandersetzung mit Weißen in Nordamerika, und seine Worte zeichnen diese Geschichte mit überzeugenden Bildern in prägnanter Kürze. Insofern stellt die Rede die verdichtete poetische Gestaltung eines typischen historischen Prozesses dar.

Old Tassel

Old Tassel gehörte zum Volk der Cherokee im Gebiet des heutigen Staates North Carolina. Er lebte im 18. Jahrhundert. Im Juli 1777 traf er mit einer US-Kommission zusammen, um über einen Vertrag zu verhandeln. Dabei sagte er:

Es ist viel davon die Rede gewesen, daß bei den Indianern ein Bedarf nach dem bestehe, was ihr ‚Zivilisation' nennt. Uns sind viele Vorschläge gemacht worden, eure Gesetze, eure Religion, eure Verhaltensformen und eure Sitten zu übernehmen.

Wir sehen nicht ein, wieso eine solche Überformung und Umgestaltung richtig sein soll.

Es würde uns viel besser gefallen, wenn wir die guten Wirkungen dieser Sitten und dieser Auffassungen in eurer eigenen Praxis beobachten könnten – anstatt euch immer nur darüber reden zu hören oder in euren Zeitungen darüber zu lesen.

Ihr sagt: ‚Warum beackern die Indianer nicht den Boden und leben so wie wir?'

Können wir nicht mit gleichem Recht fragen: ‚Warum gehen die Weißen nicht auf Jagd und leben so wie wir?' "

Chief Red Jacket

„Unsere Religion lehrt uns,
für alle Gaben und Gnaden
dankbar zu sein,
einander zu lieben
und eines Sinnes zu sein.
Wir streiten niemals über Religion."

Chief Red Jacket

Wir streiten niemals über Religion (1805)

Der Häuptling Red Jacket wurde einmal von einem Weißen gefragt, was er getan habe, um sich als Krieger auszuzeichnen. Red Jacket antwortete spontan: „Als Krieger? Ich bin ein Redner! Ich wurde als Redner geboren!"

Tatsächlich wird ihm nachgesagt, daß er in seinem Tun als Häuptling sich keineswegs immer kühn und mutig gezeigt habe. Doch bestreitet ihm bis heute niemand, daß er ein herausragender Redner war, „ohne Zweifel der herausragende indianische Redner des 18. Jahrhunderts" (Louis Thomas Jones). Deshalb nennt man ihn auch „silver-tongued Red Jacket" – „Red Jacket mit der silbernen Zunge".

Geboren wurde Red Jacket als Mitglied des Stammes der Seneca-Indianer etwa im Jahre 1752 in der Nähe des Seneca-Sees im Gebiet des heutigen Staates New York. Sein indianischer Name war Sa-Go-Ye-Wat-Ha, was soviel heißt wie „Er-hält-die-Leute-wach" – ein treffender Name für einen Redner seines Formates. Es war auch diese besondere Fähigkeit, die ihn zum einflußreichen Häuptling emporsteigen ließ.

Der Name Red Jacket beschreibt seine alltägliche Erscheinung: Er liebte es, die rote Soldatenjacke zu tragen, die ihm ein englischer Offizier geschenkt hatte.

Am 20. Januar 1830 starb Red Jacket in der Nähe der heutigen Stadt Buffalo.

Die hier abgedruckte Rede hielt Red Jacket im Jahre 1805 vor dem Missionar Cram, der im Auftrag der „Boston Evangelical Missionary Society" ins Land der Seneca-Indianer gekommen war, um sie zum Christentum zu bekehren. Dabei sagte der Missionar Cram unter anderem folgendes:

„Brüder, ich bin nicht gekommen um eures Landes oder eures Geldes willen, sondern um eure Herzen zu erleuchten und um euch zu lehren, wie man den Großen Geist nach seinem eigenen Wunsch und Willen verehren soll, und um euch das Evangelium seines Sohnes Jesus Christus zu predigen. Es gibt nur eine Religion und nur einen Weg, Gott zu dienen. Und wenn ihr nicht dem richtigen Weg folgt, dann könnt ihr nicht glücklich miteinander sein. Ihr habt den Großen Geist niemals so verehrt, wie es seinem eigenen Willen entspricht. Vielmehr habt ihr all euer Leben in großem Irrtum und großer Dunkelheit verbracht. Meine Absicht ist es, zu versuchen, diese Irrtümer zu beseitigen und eure Augen zu öffnen, so daß ihr klar sehen könnt."

Nach den Erklärungen des Missionars Cram und nach einer Beratung der Indianer miteinander hielt Red Jacket seine große Rede, die eindrucksvollste, die von ihm überliefert ist. Er nimmt dabei viele Formulierungen seines Vorredners wieder auf, kommt aber zu entgegengesetzten Schlußfolgerungen, nämlich daß jetzt nicht die Zeit für eine Missionierung der Seneca-Indianer sei. Dabei gelingen Red Jacket großartige Charakterisierungen indianischer Religionen und der christlichen Religion.

Freund und Bruder! Es war der Wille des Großen Geistes, daß wir an diesem Tag zusammenkommen sollten. Er leitet alle Dinge, und er hat uns einen guten Tag gegeben für unsere Beratung. Er hat sein Gewand von der Sonne genommen und dafür gesorgt, daß dieses leuchtende Gestirn seine Strahlen auf uns richtet. Unsere Augen öffnen sich, so daß wir klar sehen. Unsere Ohren sind nicht verstopft, so daß wir deutlich die Worte hören konnten, die du gesprochen hast. Für alle diese Gnaden danken wir dem Großen Geist – und nur ihm.

Bruder! Das Feuer dieser Versammlung wurde von dir entzündet. Es war deine Bitte, die uns zu diesem Zeitpunkt hier zusammengeführt hat. Wir haben aufmerksam auf das gehört, was du gesagt hast. Nun hast du uns gebeten, daß wir offen sagen, was wir denken. Dieses bereitet uns große Freude, denn wir meinen, daß wir aufrecht vor dir stehen und daß wir sprechen können, was wir denken. Alle haben deine Stimme gehört, und alle sprechen zu dir wie ein Mann. Wir sind einer Meinung.

Bruder! Du sagst, daß du eine Antwort auf deine Worte haben möchtest, bevor du diesen Ort verläßt. Es ist richtig, daß du diese Antwort bekommst. Denn du bist weit von zu Hause entfernt, und wir möchten dich nicht aufhalten. Aber wir wollen zunächst ein wenig zurückblicken und dir sagen, was unsere Väter uns gesagt haben und was wir von den weißen Menschen gehört haben.

Bruder, hör auf das, was wir sagen. Es gab eine Zeit, als unsere Vorfahren dieses große Eiland von Nordamerika besaßen. Ihre Gebiete erstreckten sich vom Auf-

gang der Sonne bis zu ihrem Untergang. Der Große
Geist hatte das Land geschaffen zum Gebrauch der Indianer. Er hatte den Büffel, den Hirsch und andere Tiere
erschaffen als Nahrung. Er machte den Bär und den
Biber, und ihre Felle dienten uns als Kleidung. Er hatte
sie über das ganze Land verbreitet und zeigte uns, wie
wir sie fangen könnten. Er hatte bewirkt, daß die Erde
Mais hervorbrachte als Nahrung. Alles dieses hatte er
für seine Roten Kinder getan, weil er sie liebte. Wenn es
mal Streitigkeiten wegen der Jagdreviere gab, so wurden
diese im allgemeinen ohne viel Blutvergießen beigelegt.

Aber ein böser Tag kam über uns. Eure Vorfahren
überquerten die großen Wasser und landeten auf diesem
Eiland. Ihre Zahl war klein. Sie fanden hier Freunde,
nicht Feinde. Sie sagten uns, sie seien aus ihrem eigenen
Lande geflohen aus Furcht vor bösen Menschen, und sie
seien hierhergekommen, um ihrer Religion entsprechend leben zu können. Sie baten um etwas Land. Wir
hatten Mitleid mit ihnen. Wir erfüllten ihre Bitte, und
sie siedelten unter uns. Wir gaben ihnen Mais und
Fleisch. Sie gaben uns dafür das Gift des Alkohols.

Die weißen Menschen hatten nun unser Land gefunden. Diese Nachricht gelangte zurück in ihre Heimat,
und mehr von ihnen kamen hier zu uns. Doch wir
fürchteten sie nicht. Wir sahen sie als Freunde an. Sie
nannten uns Brüder. Wir glaubten ihnen und gaben
ihnen mehr Land.

Schließlich war ihre Zahl gewaltig angewachsen. Sie
verlangten noch mehr Land. Sie verlangten nach unserem ganzen Land. Unsere Augen wurden geöffnet und
unsere Herzen wurden unruhig. Kriege brachen aus.
Indianer wurden angeworben, um gegen Indianer zu

kämpfen, und viele unserer Menschen wurden umgebracht. Die Weißen brachten uns auch scharfe alkoholische Getränke. Diese waren stark und mächtig und töteten Tausende.

Bruder! Unser Land war einst groß und eures war sehr klein. Jetzt seid ihr ein großes Volk geworden, und wir haben kaum noch Platz, unsere Decken auszubreiten. Ihr habt unser Land, aber ihr seid nicht zufrieden. Ihr wollt uns eure Religion aufdrängen.

Bruder! Höre weiterhin zu. Du sagst, daß du gesandt bist, uns zu unterweisen, wie man den Großen Geist nach seinem Gefallen verehrt. Und du sagst, daß wir für immer unglücklich sein werden, wenn wir nicht die Religion annehmen, die ihr Weißen uns bringt. Du sagst, daß ihr recht habt und daß wir verloren sind.

Woher wissen wir, ob es wahr ist? Wie wir sehen, ist eure Religion niedergeschrieben in einem Buch. Wenn dieses für uns ebenso gedacht war wie für euch, warum hat es uns dann der Große Geist nicht gegeben? Und nicht nur uns: Warum gab er nicht unseren Vätern und Vorfahren das Wissen um dieses Buch, zugleich mit den Hilfsmitteln, es richtig zu verstehen? Wir wissen nur das, was du uns davon sagst.

Wie sollen wir wissen, wann wir den Weißen glauben können, da sie uns so oft getäuscht haben?

Bruder! Du sagst, es gibt nur einen Weg, den Großen Geist zu verehren und ihm zu dienen. Wenn es nur eine Religion gibt, warum seid ihr Weißen dann selbst so uneins darüber? Warum seid ihr nicht alle eines Sinnes, da ihr doch alle das Buch lesen könnt?

Bruder! Wir verstehen diese Dinge nicht. Man sagt uns, daß eure Religion euren Vorfahren gegeben wurde und daß sie vom Vater auf den Sohn überging. Auch wir haben eine Religion, die unseren Vorfahren gegeben wurde und die uns, ihren Kindern, überliefert worden ist. Entsprechend dieser Religion verehren wir den Großen Geist. Sie lehrt uns, für alle Gaben und Gnaden dankbar zu sein, einander zu lieben und eines Sinnes zu sein. Wir streiten niemals über Religion.

Bruder! Der Große Geist hat uns alle erschaffen. Aber er hat seine weißen und seine roten Kinder sehr unterschiedlich gemacht. Er hat uns eine andere Gesichtsfarbe und andere Sitten gegeben. Euch hat er die Künste der Wissenschaften gegeben, für die er unsere Augen nicht geöffnet hat. Wir wissen, daß diese Dinge wahr sind. Da er uns so sehr unterschiedlich in anderen Dingen gemacht hat, dürfen wir da nicht schließen, daß er uns auch eine andere Religion gegeben hat, entsprechend unserem Verständnis? Der Große Geist tut recht. Er weiß, was am besten ist für seine Kinder. Wir sind zufrieden.

Bruder! Wir wollen deine Religion nicht zerstören und sie auch nicht von dir nehmen. Alles, was wir wollen, ist, nach unserer eigenen Religion zu leben.

Bruder! Du sagst, daß du nicht gekommen bist um unseres Landes oder unseres Geldes willen, sondern um unsere Herzen zu erleuchten. Nun will ich dir sagen, daß ich bei deinen Versammlungen gewesen bin, und da sah ich, wie du Geld einsammeltest von den Menschen. Ich weiß nicht, wofür dieses Geld gedacht war, aber ich nehme an, es war für euren Pfarrer. Und wenn wir uns jetzt deiner Denkweise anschließen sollten, vielleicht willst du dann Geld auch von uns.

Bruder! Man sagt uns, daß du zu den Weißen in dieser

43

Gegend gepredigt hast. Diese Leute sind unsere Nach-
barn. Wir kennen sie. Wir wollen ein wenig warten und
sehen, welche Wirkung deine Predigt auf sie hat. Wenn
wir sehen, daß sie ihnen gut tut und sie ehrlich macht
und weniger geneigt, Indianer zu betrügen, dann wollen
wir wieder über das nachdenken, was du gesagt hast.

Bruder! Du hast jetzt unsere Antwort auf deine Worte gehört. Dieses ist alles, was wir im Augenblick zu
sagen haben. Wenn wir uns jetzt trennen, wollen wir
deine Hand nehmen und die Hoffnung aussprechen, daß
der Große Geist dich auf deiner Reise beschützt und du
unversehrt zu deinen Freunden zurückkehrst.

Als Red Jacket mit den letzten Worten seiner Rede auf den Missionar zuging und ihm die Hand zum Abschied geben wollte, weigerte sich dieser, die Hand zu ergreifen – mit der Begründung, daß es keine Gemeinschaft gäbe zwischen der Religion Gottes und der Religion des Teufels. (Bald darauf entschuldigte sich Cram für sein Verhalten und erklärte es als Folge eines Mißverständnisses.)

Wie die hier abgedruckte Rede erkennen läßt, hatte Red Jacket kein sonderliches Vertrauen in die Kultur und die Religion der Weißen. Er wandte sich deshalb gegen die Idee des „melting pot", nach der die verschiedenen Rassen und Nationen in Amerika in einem großen Schmelztiegel aufgehen sollten. Einen jungen Indianer, der wie ein Weißer erzogen worden war, sprach Red Jacket einmal so an: „Wen haben wir hier? Du bist weder ein Weißer noch ein Indianer: Um Himmelswillen, sag uns, wer du bist!"

Red Jacket sah wenig Gutes in der Zivilisation der Weißen und kämpfte für die Beibehaltung einer eigenen indianischen Identität. Sein Grundsatz war, daß man Menschen, die unterschiedlich seien, nicht gewaltsam vereinheitlichen und einer einzigen Lebensform unterwerfen dürfe, und er beklagte gelegentlich, daß sich seit der Ankunft der Weißen die einst dunklen Augen indianischer Kinder langsam blau zu färben begännen.

Diese Einstellung hinderte ihn allerdings nicht, im Jahre 1792 einer Einladung des Präsidenten George Washington nach Philadelphia zu folgen. Er nahm an einem Essen mit dem Präsidenten teil und erhielt von diesem eine Medaille als Erinnerung. Am 26. März des

Jahres 1792 hielt er eine Rede vor dem Senat der Vereinigten Staaten, in welcher er von der amerikanischen
Regierung Redlichkeit und Liberalität im Umgang mit
indianischen Völkern forderte.

In seinem Kampf gegen die Überfremdung durch die
Kultur der Weißen (einschließlich ihrer Religion) stand
Red Jacket aber letztlich auf verlorenem Posten. Trotz
seiner gewandten und schlagfertigen Stellungnahmen
gegen die Einrichtung einer Missionsstation traten im
Verlauf der folgenden Jahre viele Angehörige seines
Stammes zum Christentum über, darunter auch seine
eigene (zweite) Frau. Damit kam Zwist ins Volk. Red
Jacket sagte dazu:

„Mein Herz ist von Gram erfüllt, wenn ich um mich
blicke und mein Volk in seiner gegenwärtigen Lage
sehe. Früher einig und voller Macht, jetzt gespalten und
schwach. Die Lage meines Volkes erfüllt mich mit
Trauer."

Zwischen der konservativen Gruppierung, deren hervorragender Sprecher Red Jacket war, und den als fort-
schrittlich geltenden christianisierten Indianern erga-
ben sich Zwietracht und Streit – das, was Red Jacket
hatte vermeiden wollen, als er indianische Religionen
charakterisierte mit dem Satz: „Wir streiten niemals
über Religion."

Im Verlaufe dieser Auseinandersetzungen innerhalb
des Seneca-Stammes gelang es der christlichen Gruppierung sogar, Red Jacket als Häuptling abzusetzen.
Aus dem temperamentvollen, witzigen und mit einem
hervorragenden Gedächtnis begabten Redner, der die
Bewunderung seiner Landsleute und der Weißen genossen hatte, wurde ein vernachlässigter alter Mann. –

Kurz vor seinem Tode wurde Red Jacket als Häuptling rehabilitiert.

Die folgenden Worte sprach der Häuptling Red Jacket im Mai 1811 zu Mr. Richardson von der New York Company, der Land von den Seneca-Indianern kaufen wollte:

Bruder, deine Bitte um den Kauf unserer Ländereien ist für uns sehr seltsam. Sie erfolgt nämlich auf krummen Wegen; du bist nicht den geraden Pfad geschritten, der von dem großen Rat deiner Nation gewiesen worden ist. Du hast nämlich kein Schriftstück von unserem großen Vater, dem Präsidenten (der Vereinigten Staaten).

Bruder, da wir uns unsere Entscheidung überlegen, schauen wir zurück und erinnern uns, wie die (New) Yorker in früheren Zeiten unseren Boden erworben haben. Sie kauften ihn, ein Stück nach dem anderen, für wenig Geld, das sie einigen Leuten in unserem Stamm zahlten, das aber nicht an alle unsere Brüder ging. Unser Ackerland und unser Jagdgebiet sind sehr klein geworden; und wenn wir diese auch noch verkaufen, so wissen wir schließlich nicht mehr, wo wir unsere Decken ausbreiten sollen.

Bruder, du sagst uns, daß deine Angestellten vom Rat

47

der (New) Yorker ein Recht erworben haben, unser Land zu kaufen. Wir verstehen nicht, wie dieses sein kann. Denn diese Ländereien gehören nicht den (New) Yorkern. Sie gehören uns, und wir erhielten sie vom Großen Geist . . .

Bruder, wir sind entschlossen, unseren Boden nicht zu verkaufen, sondern darauf weiterzuleben. Wir lieben dieses Land. Es ist fruchtbar und bringt uns reichlich Getreide für das Wohlergehen unserer Frauen und Kinder; auch Gras und Kräuter für unser Vieh . . .

Bruder, die Weißen kaufen und verkaufen falsche Rechte auf unser Land. Du sagst, daß deine Angestellten einen großen Preis bezahlt haben für das Recht (unser Land zu kaufen). Sie müssen wohl sehr viel Geld haben, wenn sie es dafür ausgeben, falsche Rechte auf Ländereien zu kaufen, die in Wirklichkeit Indianern gehören.

Dann wird ihnen auch der Verlust (des Geldes) nicht wehtun. Für uns ist unser Land von großem Wert. Wir möchten darum, daß du mit deinen Worten zurückgehst zu deinen Angestellten, zu den (New) Yorkern, und ihnen sagst, daß sie kein Recht haben, falsche Rechte und Titel auf unser Land zu kaufen und zu verkaufen.

Bruder, wir hoffen, du verstehst ganz klar, was wir gesagt haben.

Dieses ist alles, was wir zu sagen haben.

48

Datum und Anlaß der folgenden Rede von Red Jacket
sind nicht bekannt. Der Häuptling wiederholt darin
aber seinen Wunsch, die Seneca-Indianer aus dem
amerikanischen Schmelztiegel herauszuhalten. Nach
seiner Vorstellung sollten sie ihre eigenen Ländereien,
ihre eigene Lebensform und ihre eigene Religion
bewahren. Diese Haltung Red Jackets führte in der Fol-
gezeit zu großen Spannungen und Auseinandersetzungen innerhalb seines Volkes, da sich viele Seneca-
Indianer zum Christentum bekehrten und versuchten,
die Lebensform der Weißen anzunehmen. Red Jacket
selbst aber blieb eisern in der Einstellung, daß für
Indianer eine andere Lebensform richtig sei als für die
Weißen:

Ihr habt eine größere Anzahl unserer jungen Männer in
eure Schulen hineingenommen. Ihr habt sie dort erzogen und ihnen eure Religion vermittelt. Dann sind sie
zu ihren Verwandten zurückgekehrt – und nun sind sie
weder Weiße noch Indianer. Die Dinge, die sie in der
Schule gelernt haben, nützen nichts auf der Jagd; und sie
passen auch nicht zu unserer Lebensform. Sie haben
also Dinge gelernt, die bei uns nutzlos sind. Auch hat
man ihnen beigebracht, künstliche Bedürfnisse zu entwickeln, die es bei uns niemals gab. In euren großen
Städten haben sie die Samen von Lastern in sich aufge-
nommen, welche in unseren Wäldern unbekannt
waren. Sie sind leicht entmutigt und sie verzetteln sich;
von den Indianern werden sie verachtet, von den
Weißen werden sie mißachtet – und für keine der bei-

den Gruppen sind sie wertvoll. Sie sind weniger recht-schaffen als die Indianer und vielleicht verkommener als die Weißen. . . .

Wir glauben, daß es falsch ist, wenn ihr weiterhin versucht, eure Religion bei uns einzuführen oder uns eure Lebensform, eure Gewohnheiten und eure Gefühle aufzudrängen. Und wir glauben auch, daß es von unserer Seite aus falsch wäre, euch in diesen Dingen zu ermutigen. Wir glauben, daß der Große Geist die Weißen und die Indianer zu verschiedenen Zwecken und mit unterschiedlichen Absichten geschaffen hat. . . .

Bruder, vielleicht ist eure Religion für euch die rich-tige; vielleicht ist sie an eure Lebensform besonders angepaßt. Ihr sagt, daß ihr den Sohn des Großen Geistes getötet habt. Vielleicht ist dieses die Ursache all eurer Probleme und all eures Unglücks. Doch, Bruder, vergeßt nicht, daß wir an diesem Mord keinen Anteil hatten. Wir distanzieren uns davon, denn wir lieben den Großen Geist. Und da wir niemals etwas so Unrechtes, so Unbarmherziges und Frevelhaftes getan haben, ist uns der Große Geist weiterhin gewogen, gibt uns Frieden, Freude und Überfluß.

Bruder, wir haben Mitleid mit euch. Deshalb möchten wir, daß ihr unseren guten Freunden unsere besten Wünsche überbringt. Sagt ihnen, daß wir aus Mitleid zu ihnen bereit sind, ihnen Missionare zu schicken, die sie in unserer Religion, unseren Gewohnheiten und Lebensformen unterrichten können. Wir möchten schließlich, daß sie ebenso glücklich sind wie wir. Und wir versichern ihnen: Wenn sie unserem Beispiel folgen, dann werden sie viel, viel glücklicher sein, als sie es jetzt sind.

Wir können eure Religion nicht zu unserer machen. Sie reißt uns auseinander und macht uns unglücklich. Doch wenn ihr unsere Religion annehmen wollt, so glauben wir, daß es euch glücklicher und in den Augen des Großen Geistes willkommener machen wird . . .

Vielleicht meint ihr, daß wir einfach dumm und ungebildet sind. Dann geht hin und lehrt zunächst mal die Weißen. Wählt zum Beispiel die Menschen der Stadt Buffalo aus. Wir werden nur schweigende Zuschauer sein. Bessert sie in ihrem Verhalten und kultiviert sie in ihren Sitten. – Sorgt dafür, daß sie weniger geneigt sind, Indianer zu betrügen. Sorgt dafür, daß Weiße ganz allgemein weniger dazu neigen, Indianer betrunken zu machen und sie von ihrem Land zu vertreiben. Wir wollen den Baum an seinen Blüten erkennen und die Blüten an ihrer Frucht.

Wenn uns all dieses klargeworden ist, dann werden wir vielleicht bereitwilliger euch zuhören. Doch bis dahin muß es uns erlaubt sein, der Religion unserer Vorfahren zu folgen.

Bruder, lebe wohl!

Die folgende Rede richtete Häuptling Red Jacket an den Gouverneur Ogden des Staates New York im Jahre 1822. Ogden war der Präsident einer Landgesellschaft, welche die Seneca-Indianer schon seit Jahren bedrängte, ihr Land zu verkaufen.

Trotz der beschwörenden Weigerung Red Jackets, die im folgenden abgedruckt ist, verkauften die Seneca in den nächsten 20 Jahren fast all ihr Land im Staate New York:

Als wir euch zuerst kennenlernten, wart ihr ein zartes Pflänzchen, das ein bißchen Erde wünschte, um darauf wachsen zu können. Wir gaben sie euch. Danach, als wir euch noch mit unserem Fuß hätten zertreten können, wässerten und beschützten wir euch. Jetzt seid ihr zu einem mächtigen Baum herangewachsen, dessen Spitze an die Wolken rührt und dessen Zweige über das ganze Land reichen. Wir dagegen, die damals die hohe Kiefer des Waldes waren, sind zu einem schwachen Pflänzchen geworden und benötigen jetzt euren Schutz. . . .

Ihr sagt uns, daß ihr einen Anspruch auf unser Land habt und daß ihr diesen von eurem Staat gekauft habt. Wir wissen nichts von eurem Anspruch und er interessiert uns auch nicht. Sogar ihr Weißen habt ein Gesetz, nach dem man nicht etwas verkaufen kann, das einem nicht gehört. Wie also konnte euer Staat euch unser Land verkaufen, das ihm gar nicht gehörte? Wir haben ein Anrecht auf dieses Land, und wir wissen, daß dieses ein gutes Anrecht ist; denn es kam direkt vom Großen Geist, der es uns, seinen Roten Kindern, gab. Wenn ihr zu IHM hinaufsteigen könnt und SEINE Urkunde erhaltet und diese uns dann zeigt: Dann, und nur dann, werden wir euren Titel auf dieses Land anerkennen.

Chief Red Jacket erhielt vom amerikanischen Präsidenten die hier im Detail gezeigte Medaille. Später erhielten andere Indianerführer ähnliche Medaillen, die man dann alle „Red-Jacket-Medals" nannte.

(Im Jahre 1794 erhielt ein Häuptling eine Medaille, die auf der einen Seite Präsident Washington mit einem Schwert zeigte, auf der anderen Seite einen Indianer, der gerade das Kriegsbeil begräbt. Der Häuptling fragte sofort: „Warum begräbt der Präsident nicht auch sein Schwert?")

Tecumseh

„Ein Land verkaufen?
Warum dann nicht die Luft verkaufen,
das große Meer
und ebenso die Erde?"

Tecumseh

Tecumseh war *Häuptling der Shawnee-Indianer und wurde im Jahre 1768 im Gebiet des heutigen Staates Ohio geboren. Er stellte sich dem Vordringen amerikanischer Siedler in den Weg und war einer der wenigen Indianer, die versuchten, mehrere indianische Stämme zu vereinen, um sich erfolgreicher den Weißen widersetzen zu können. (Sein Name bedeutet so viel wie ‚der sich niederdrückende Tiger‘.)*

In diesen Zusammenhang gehören auch die folgenden Worte von ihm, mit denen er im Frühjahr 1811 die Choctaw- und Chickasaw-Indianer bedrängte, gemeinsam mit ihm gegen die Amerikaner zu kämpfen. Trotz der Sprachkraft Tecumsehs waren diese Bemühungen allerdings vergeblich, denn andere Häuptlinge sprachen sich für einen friedlichen Umgang mit den Amerikanern aus. – Im Jahr 1813 fiel Tecumseh in einer Schlacht gegen amerikanische Truppen.

Hier ein Auszug aus seiner Rede:

Wenn wir einander nicht mit kollektiven und vereinten Kräften unterstützen, wenn nicht alle Stämme eines Sinnes sind und zusammenarbeiten, um den Ehrgeiz und die Habgier der Weißen zu stoppen, dann werden sie uns sehr bald getrennt und vereinzelt schlagen und wir werden aus unserem heimatlichen Land getrieben. Dann werden wir zerstreut werden wie im Herbst die Blätter vor dem Winde.

Haben wir nicht mehr genug Mut, um unser Land zu

verteidigen und unsere alte Unabhängigkeit zu bewahren? Werden wir es still dulden, daß die weißen Eindringlinge und Tyrannen uns zu Sklaven machen? Soll es einmal von unserer Rasse heißen, daß wir es nicht verstanden, uns den drei schlimmsten Übeln zu entziehen: der Torheit, der Trägheit und der Feigheit?

Doch was soll ich von der Vergangenheit reden? Sie redet für sich selbst und fragt: Wo sind heute die Pequod? Wo sind die Narragansetts, die Mohawks, die Pocanokets und viele andere einst mächtige Stämme unserer Rasse? Vor der Habgier und der Unterdrückung der Weißen sind sie dahingeschmolzen wie Schnee vor der Sonne des Sommers. In der eitlen Hoffnung, man könne allein die alten Besitzungen verteidigen, sind sie in den Kriegen mit den Weißen gefallen.

Schaut umher in diesem einst schönen Land – und was seht ihr jetzt? Nichts als die Verheerungen der bleichgesichtigen Zerstörer. So wird es auch mit euch, ihr Choctaw, und euch, ihr Chickasaw, sein! Seht die mächtigen Bäume eurer Wälder: Im Schatten ihrer weiten Zweige habt ihr als Kinder gespielt, habt ihr als Jungen miteinander gerungen – und eure müden Glieder erholen sich nun dort nach der Anstrengung einer Jagd. Doch bald werden diese Bäume gefällt sein, um das Land einzuzäunen, von dem die weißen Eindringlinge zu sagen wagen, es gehöre ihnen.

Bald werden ihre breiten Straßen über die Gräber eurer Vorfahren führen und der Ort ihrer letzten Ruhe wird für immer ausgelöscht sein. Die Vernichtung unserer Rasse steht bevor, wenn wir uns nicht in einer gemeinsamen Anstrengung gegen den gemeinsamen Feind vereinen ...

Bevor die Bleichgesichter unter uns erschienen, genossen wir eine ungebundene Freiheit und kannten weder Reichtum noch Mangel noch Unterdrückung. Und wie ist es jetzt? Mangel und Unterdrückung sind unser Los; denn werden wir nicht in jeder Beziehung kontrolliert – und wagen wir es überhaupt noch, uns zu bewegen, ohne erst Erlaubnis einzuholen? Nimmt man uns nicht Tag für Tag mehr weg von dem, was noch von unserer alten Freiheit übrig ist? Treten und schlagen sie uns nicht sogar, wie sie es mit ihren Schwarzen machen? Wie lange wird es noch dauern, bis sie uns an einen Pfahl binden und uns auspeitschen und bis sie uns zur Arbeit in ihren Kornfeldern zwingen, wie sie es mit den Schwarzen machen? Sollen wir auf diesen Augenblick warten oder sollen wir kämpfend sterben, bevor wir uns solcher Schmach aussetzen? . . .

Laßt uns einen Körper bilden, ein Herz; und laßt uns bis zum letzten Mann unser Land verteidigen, unsere Heimat, unsere Freiheit und die Gräber unserer Vorfahren.

Bei anderer Gelegenheit (im Jahre 1810) äußerte sich Tecumseh gegenüber dem Gouverneur W. H. Harrison so:

Ein Land verkaufen? Warum nicht die Luft verkaufen, das große Meer und ebenso die Erde? Hat nicht der Große Geist alles dieses gemacht zum Nutzen seiner Kinder?"

Die folgenden Worte sprach der Shawnee-Indianer Tecumseh im Jahre 1811 oder 1812 vor Beginn eines Gespräches mit dem General William H. Harrison. Dieser hatte Tecumseh für das Gespräch einen Stuhl zum Sitzen angeboten. Der Dolmetscher hatte dieses Angebot für Tecumseh übersetzt mit den Worten: „Dein Vater bittet dich, einen Stuhl zu nehmen". Darauf antwortete Tecumseh:

„Mein Vater?
Mein Vater ist die Sonne
und die Erde ist meine Mutter.
An ihrer Brust will ich sitzen."

Daraufhin setzte sich Tecumseh demonstrativ auf den Erdboden, wie es indianische Tradition war.

Chief Seattle

*„Unsere Religion . . .
steht geschrieben
in den Herzen unseres Volkes."*

Chief Seattle

Wie können wir da Brüder werden?

(Die Rede Seattles
von 1853/54, in der
‚Urfassung' von 1887)

Alle Dinge sind miteinander verbunden

(Neuere Version;
sogenannte Rede Seattles
von 1970/71)

Wohl keine Rede eines Indianers, wahrscheinlich keine Rede eines Staatsmannes aus dem vergangenen Jahrhundert, hat in den letzten 15 bis 20 Jahren in der ganzen westlichen Welt, besonders aber in der Bundesrepublik Deutschland, soviel „von sich reden gemacht" wie die sogenannte Rede des Häuptlings Seattle. Vor allem bei Ökologen und Umweltschützern hat der Text eine Berühmtheit erlangt, die kaum besser zu beschreiben ist als mit den Worten des damaligen

National Chaplain von Pax Christi in Britannien, Monsignore Bruce Kent: Bezugnehmend auf die vier Evangelien des Neuen Testamentes nannte er die Rede Seattles „a fifth Gospel – almost"; „ein fünftes Evangelium – fast".

Ganz offensichtlich waren die Aussage dieser Rede, ihre Gestaltung und Bilderkraft so sehr auf ein Bedürfnis in unserer heutigen Welt abgestimmt, daß Millionen von Menschen in der Haltung, die in diesem Text zum Ausdruck kommt, eine Antwort auf bedrängende Umweltprobleme und auf die Frage nach dem Verhältnis des Menschen zur Welt sahen und noch sehen.

Es gab deshalb in den letzten 20 Jahren auch eine Fülle von Ausgaben dieser sogenannten Rede Seattles in Buchform oder auch als Pamphlet, als Kurzfassung in Zeitschriften, als Schallplattenbearbeitung oder als Radiosendung. Allein in Deutschland lassen sich mehr als ein halbes Dutzend Buchveröffentlichungen des Textes ausmachen. Aber es gibt und gab praktisch kein Land der westlichen – und kaum ein Land der östlichen – Hemisphäre, in dem der Text der Rede Seattles nicht verbreitet war. Selbst ein Musical mit dem Titel „Seattle" wurde in Deutschland geschrieben und aufgeführt. Eine junge Schweizerin bezeichnete den Text der Rede in einem Brief an mich als „die Verkörperung aller Umweltideen".

Wenn man sich diese zahllosen Verwendungen und Anwendungen der Rede Seattles anschaut, so fällt einem etwas Überraschendes auf: Es gibt offensichtlich deutliche Unterschiede zwischen den verschiedenen Redetexten, die alle dem indianischen Häuptling Seattle zugeschrieben werden. Manchmal sind es nur

Unterschiede im Ausdruck und in der Wortwahl, manchmal auch Unterschiede im Inhalt. Man kann diese nun nicht zurückführen auf unterschiedliche Übersetzungen einer einzigen Quelle; denn an einer Stelle steigern sich die Unterschiede geradezu zu einem Gegensatz; wenn es nämlich einmal heißt: „Euer Gott ist nicht unser Gott"; und ein anderes Mal „Unser Gott ist der gleiche Gott".

Wir müssen also zu dem Schluß kommen, daß sich entweder die verschiedenen Versionen auf verschiedene Reden Seattles beziehen oder daß verschiedene Versionen einer einzigen Rede kursieren. Damit steht aber die Authentizität und Echtheit der Rede selbst zur Diskussion.

Darum kommen wir nicht umhin, der Frage nachzugehen, wie es sich mit der Quelle dieses Textmaterials verhält. Wir müssen untersuchen, wie authentisch diese Texte sind. Ich will hier zusammenfassen, was ich an anderer Stelle (siehe Literaturverzeichnis) zu diesem Thema ausführlich dargelegt habe.

Zunächst einmal steht es außer Frage, daß Häuptling Seattle eine historische Persönlichkeit war. Er lebte von etwa 1786 bis 1866 und war Häuptling der Suquamish- und der Duwamish-Indianer an der pazifischen Nordwestküste der Vereinigten Staaten im Gebiet des heutigen Staates Washington. Der Name des Häuptlings, den heute die größte Stadt des Staates Washington trägt, wurde von den Weißen allerdings anglisiert. Seine ursprüngliche Form war Seeathl.

Dieser Seeathl/Seattle kämpfte nie in seinem Leben gegen Weiße und trat um 1830 zum Katholizismus über. Bei den Verhandlungen von Point Elliott im Januar des Jahres 1855, bei denen die Indianer einen großen Teil ihres Landes im heutigen Staate Washington aufgaben, war Seattle zugegen; und er unterzeichnete diesen Vertrag als erster indianischer Führer. Dabei hielt er zwei kurze Reden, deren englischen Text man heute noch bei den Unterlagen dieses Vertrages im Nationalarchiv der USA in Washington D. C. findet.

Diese beiden Reden zeigen jedoch keine Ähnlichkeit in Inhalt oder Ausdruck mit jenen Texten, die als Rede Seattles in der ganzen Welt kursieren; sie kommen also als Quelle dieser Rede nicht in Frage. Wiederholte Nachforschungen im Nationalarchiv der Stadt Washington haben aber keinen anderen Text einer Rede (oder eines Briefes) von Häuptling Seattle zutage gefördert.

Es läßt sich vielmehr eindeutig feststellen, daß die älteste Quelle der Rede, die in unserer Zeit so berühmt werden sollte, aus dem Jahre 1887 datiert. Am 29. Oktober jenes Jahres erschien in der Lokalzeitung „Seattle Sunday Star" ein Artikel von einem gewissen H. A. Smith. Dieser Artikel steht unter der Überschrift „Early Reminiscences No 10" (= frühe Erinnerungen Nr. 10) und trägt den Titel „Scraps from a Diary – Chief Seattle – A Gentleman by Instinct – his native eloquence etc. etc." („Ausschnitte aus einem Tagebuch – Chief Seattle – ein Gentleman von Natur – seine angeborene Beredsamkeit etc. etc.")

Dieser Zeitungsartikel, von dem noch ein Exemplar in der Public Library der Stadt Seattle vorhanden ist, ist die einzige Urfassung einer längeren Rede Seattles, die uns überliefert ist.

In diesem Artikel beginnt Dr. Henry Smith – er war

Arzt – mit einer sehr freundlichen Beschreibung der äußeren Erscheinung und des Verhaltens von Chief Seattle. Er fährt dann fort, daß Seattle diese Rede gehalten habe, als die Indianer der Gegend dem neuen Gouverneur Stevens einen Empfang auf der ‚Main Street' bereiteten:

Damit ist auch erwiesen, daß der Anlaß dieser Rede nicht die Verhandlungen von Point Elliott 1855 war (wie man immer wieder fälschlicherweise lesen kann), sondern die Ankunft oder die Rückkehr von Gouverneur Stevens 1853 oder 1854.

Dr. Smith schreibt in seiner Einleitung weiter:

„Chief Seattle erhob sich mit der ganzen Würde eines Senators, der die Verantwortung für ein großes Volk auf seinen Schultern trägt. Er legte eine Hand auf den Kopf des Gouverneurs, wies mit dem Zeigefinger der anderen Hand langsam gen Himmel und begann dann seine denkwürdige Rede in feierlichem und eindrucksvollem Ton:

„Der Himmel dort droben . . . "

In einem kurzen Nachwort erklärt Dr. Smith am Ende des Artikels, der von ihm wiedergegebene Text „ist nur ein kleiner Teil von seiner (Seattles) Rede, und es fehlt ihm auch all der Zauber, den ihm die Ausstrahlungskraft und Ernsthaftigkeit des schwarzhaarigen alten Redners sowie die Situation verliehen". Dr. Smith beansprucht also selbst keineswegs, den Text der tatsächlichen Rede Seattles vollständig und im ursprünglichen Wortlaut wiederzugeben.

Andererseits beruft er sich für die ‚Echtheit' seines Textes allerdings auf „extended notes", die er sich während der Rede gemacht habe. (Später bezeugt er

noch, daß er sich bei seinem Zeitungsartikel gewissen-
haft an diese „notes" gehalten habe – und die Existenz
dieser Notizen wird wiederum an anderer Stelle durch
das Zeugnis eines Rechtsanwalts in der Stadt Seattle
1934 bestätigt: Vgl. John M. Rich, Chief Seattle's
Unanswered Challenge; Fairfield 1970, S. 45.)

Dieses Notizbuch des Dr. Smith ist heute jedoch verschollen, so daß wir nicht mehr mit Sicherheit sagen
können, wie streng sich Dr. Smith an seine eigenen
Notizen gehalten hat und wie authentisch damit die
Urfassung der Rede Seattles tatsächlich ist.

Es ist heute auch nicht mehr abschließend feststellbar, ob Seattle seine Rede in seiner Muttersprache oder
auf Englisch hielt; doch neigen Kenner der Situation zu
der Ansicht, daß er des Englischen kaum mächtig war.
Das würde bedeuten, daß seine Rede an Ort und Stelle
von einem Dolmetscher übersetzt wurde.

Ob Dr. Smith, der die Muttersprache Seattles wahrscheinlich beherrschte, seine Notizen nach Seattles
Original oder nach der Übersetzung des Dolmetschers
anfertigte, kann ebenfalls nicht mehr endgültig geklärt
werden. Da er jedoch gar nicht den Anspruch erhebt,
eine vollständige Fassung der Rede Seattles zu bieten,
ist dieses Problem für uns nicht entscheidend. Wir
kommen ja ohnehin nicht um die Feststellung herum,
daß wir in der Frage nach der Authentizität der Rede
Seattles an eine Grenze gestoßen sind, die nicht mehr
zu überschreiten ist.

Der von Dr. Smith veröffentlichte Text der Rede
Seattles wurde in den Jahrzehnten nach 1887 wiederholt in Amerika nachgedruckt. Dabei erlaubten sich
die Herausgeber jeweils kleine Eingriffe in den Text der

Urfassung von 1887. Doch blieb der Duktus der Rede insgesamt erhalten.

Erst seit etwa 1970 tauchten dann verschiedene Versionen der Rede Seattles auf, die sich auch inhaltlich deutlich von der Urfassung unterschieden und die sich ab Mitte der siebziger Jahre wie ein Lauffeuer über weite Teile der Erde ausbreiteten.

Was war passiert? Waren (bis dahin unbekannte) Texte weiterer Reden von Seattle entdeckt worden – mehr als hundert Jahre nach dem Tod des alten Häuptlings?

Keineswegs! Obwohl all diese ,Reden', ,Ansprachen', ,Botschaften' oder auch ,Briefe' des Häuptlings Seattle sich voneinander unterscheiden, so sind sie doch einander auch ähnlich genug, um ihre Herkunft aus einer einzigen Quelle zu demonstrieren. Auch erhebt keine dieser späteren Versionen den Anspruch auf eine neue oder direkte Abstammung von dem alten Häuptling, die bis dahin der öffentlichen Aufmerksamkeit entgangen wäre.

Vielmehr ist der genannte Artikel von Dr. Smith im „Seattle Sunday Star" von 1887 der einzige Vorfahr all dieser späteren legitimen oder illegitimen Kinder und Kindeskinder. Diese Version verdient damit zu Recht die Bezeichnung „Urfassung der Rede des Chief Seattle" und ist deshalb unter den Redetexten Seattles im folgenden auch an erster Stelle abgedruckt (S. 75 bis 82). Den englischen Text dieser Urfassung finden Sie auf den Seiten 137 bis 145.

Die nach 1970 auftauchenden Versionen der Rede Seattles unterscheiden sich von der Urfassung vor allem in folgenden Punkten:

1. Die Einstellung gegenüber den Weißen wird wesentlich kritischer und abweisender.

2. Das Verhältnis des Menschen zur Natur tritt wesentlich mehr in den Mittelpunkt der Betrachtung. Während die natürliche Umwelt in der Urfassung nur eine eher beiläufige Rolle spielt, treten jetzt das mangelnde Verständnis der Weißen gegenüber der Natur und die Gefahren ihrer Zerstörung in den Mittelpunkt der Darstellung. Der Text bekommt eine ökologische Zielrichtung; Häuptling Seattle wird zu einem Ökologen.

3. Das Gottesbild ändert sich radikal. Aus den Sätzen „Euer Gott liebt euer Volk und haßt meins . . . Der Gott des Weißen Mannes kann seine Roten Kinder nicht lieben" werden die Sätze „Unser Gott ist derselbe Gott . . . Seine Barmherzigkeit für den Roten Mann und für den Weißen Mann sind gleich."

4. Es finden sich in der neueren Version der Rede Aussagen, die Chief Seattle im Jahre 1854 gar nicht hätte machen können. So heißt es zum Beispiel an einer Stelle: „Ich habe tausend verfaulende Büffel auf der Prärie gesehen, liegengelassen von den Weißen, die sie von vorbeifahrenden Zügen erschossen hatten."

In diesem einen Satz gibt es gleich mehrere Widersprüche und Irrtümer: Zum einen fuhren in den Jahren 1853/54, als Seattle seine Rede hielt, noch keine Züge über die Prärie in Amerika. Erst mehr als zehn Jahre später wurde die erste transkontinentale Eisenbahn gebaut. – Dann: Das erschreckende und sinnlose Abschlachten der Büffel durch die Weißen erfolgte ebenfalls vor allem erst ab 1860, so daß Seattle noch nicht 1853/54 davon sprechen konnte, daß er es beobachtet habe. – Schließlich hat Seattle nach unserer Kenntnis niemals das Gebiet im Nordwesten der (heutigen) Vereinigten Staaten am Pazifischen Ozean, wo er geboren wurde, verlassen. Auch deshalb kann er keine „tausend verfaulende Büffel auf der Prärie" gesehen haben.

Es gibt andere Irrtümer in diesem Text, die bestätigen, daß Seattle diese neuere Version seiner Rede nicht selbst geschrieben oder gesprochen haben kann. Vielmehr benutzt ein anderer Verfasser Seattles Rede in der Urfassung offensichtlich als einen Ausgangspunkt, um von da her seine eigenen ökologischen Überlegungen zu entwickeln.

Meine Versuche, den Verfasser dieser neueren Version von Seattles Rede ausfindig zu machen, entwickelten sich zu einer detektivischen Kleinarbeit. Immer wieder endeten zunächst erfolgversprechende Wege in Frustration und Vergeblichkeit.

Mit Hilfe eines in Schweden lebenden Engländers namens Carl A. Ross und eines amerikanischen Dichters namens William Arrowsmith, der selbst eine modernisierte Fassung der Urfassung von Seattles Rede veröffentlicht hatte, gelang es mir schließlich, den weißen Amerikaner Ted Perry ausfindig zu machen und ihn zu einer schriftlichen Äußerung mir gegenüber zu bewegen. In einem Brief vom 11. November 1983 schreibt mir Prof. Ted Perry:

„Irgendwann im Jahre 1969 oder 1970 machten die Southern Baptists mir den Vorschlag, verschiedene Filme zu drehen, einen davon über das Thema der Umweltverschmutzung.

Während ich damit begann, an dem Filmtext zu

arbeiten, hörte ich, wie Professor Arrowsmith die Rede des Häuptlings Seattle vorlas . . . Ich fragte daraufhin Professor Arrowsmith (er und ich lehrten damals beide an der Universität von Texas), ob ich die Idee als Basis für mein Filmskript benutzen dürfte; er sagte großzügig ‚ja' . . . So schrieb ich eine Rede, die fiktiv war . . . Als ich das Filmskript an die Baptisten weiterreichte, machte ich es klar, daß das mein Werk war . . .

Dabei unterlief mir jedoch der Fehler, daß ich Chief Seattles Namen im Text benutzte . . . Als mir das Film-skript dann wieder begegnete, war es der Begleittext eines Films mit dem Titel ‚Home', der wohl 1972 . . . ausgestrahlt wurde. Ich war überrascht, als die Sen-dung vorüber war, denn es folgte keine Mitteilung, von wem der Text geschrieben war . . . Ich rief den Produ-zenten an, und er sagte mir, daß der Text authentischer wirke, wenn nicht gesagt werde, von wem er geschrie-ben sei. . . . Darauf löste ich meinen Kontrakt mit den Baptisten, ein weiteres Filmskript für sie zu schrei-ben . . . "

Dieses also ist das Ergebnis unserer Spurensuche: Diese neuere Version, die als Rede des Häuptlings Seattle um die ganze Welt gegangen ist und die Phan-tasie von Millionen von Menschen in zahllosen Län-dern und Kontinenten beflügelt hat – dieser Text wur-de in seinen wesentlichen Teilen im Winter 1970/71 von dem Amerikaner Ted Perry, der damals an der Universität des Staates Texas lehrte, als Filmskript für die Southern Baptist Convention verfaßt. Dabei benutzte er zu Beginn und zwischendurch Teile der Urfassung der Rede Seattles, komponierte aber im übrigen seinen eigenen ökologischen Text. Die Sou-

71

thern Baptists benutzten den Text für ihren Film ‚Home‘, ohne den Namen Ted Perrys zu nennen; sie beließen aber den Namen Seattles im Text. Und so ging dieser Text als angebliche Rede des Häuptlings Seattle um die ganze Welt. (Dieser Film ‚Home‘ ist im deutschsprachigen Raum unter dem Titel ‚Söhne der Erde‘ bekanntgeworden.)

Wegen des immensen Einflusses auf das ökologische Bewußtsein der Menschen und auch wegen der poetischen Schönheit des Textes habe ich in diesem Buch auch diese ‚neuere Version‘ der Rede Seattles abgedruckt (S. 73 bis 92), obwohl wir nun wissen, daß der Text in dieser Form nicht von Chief Seattle stammt. Die englische Fassung dieser Version finden Sie auf den Seiten 147 bis 152.

Dieses erscheint wie das Ende einer Detektivgeschichte. Doch es kann noch nicht das Ende der ganzen Geschichte sein. Denn wir müssen uns fragen, wieso dieser Text, den man eine Fälschung nennen könnte, sich so in Amerika und danach in Europa ausbreiten konnte; wie er die Menschen faszinieren, ihre Vorstellungskraft fesseln und ihr Denken und Tun beeinflussen konnte; wie er einen englischen Monsignore dazu veranlassen konnte, über diesen Text zu sagen: „Das ist ein ganzes religiöses Konzept . . . Ich glaube, das ist wirklich ein 5. Evangelium – fast. . . .“

Ich will versuchen, meine Antworten auf diese Frage, auch wenn sie nur spekulativ sein können, zusammenzufassen:

1. Dieser Text von Ted Perry gibt bestimmten Gedanken und Gefühlen Gestalt, mit denen sich seit den siebziger Jahren viele Menschen auseinanderset-

zen; es sind Gedanken und Gefühle, die zu sozialen und politischen Gruppierungen geführt haben, mit denen sich vor allem junge Menschen identifizieren: Es ist der gedankliche Komplex, der sich um den Begriff ‚Ökologie' gruppiert, und mit dem die Menschen Befürchtungen und Hoffnungen in besonders intensiver Weise verbinden. Ausbeutung der Natur, Zerstörung der Umwelt, Bewahrung der Schönheit der Natur sind Konzepte, die zu dem entscheidenden Thema unserer Zeit geworden sind. Der Text der neueren Version der Rede Seattles scheint diese Problemsituation unmittelbar anzusprechen, so daß ein Amerikaner 1975 schreiben konnte: „Wenn dieser Text nicht geschrieben worden wäre, dann hätte er geschrieben werden müssen".

2. Die Wortwohl, die Ausdrucksweise, die Symbolkraft und die Bildhaftigkeit des Textes scheinen mit seiner Botschaft in vollkommener Übereinstimmung zu stehen. Wir alle können uns kaum dem tiefen Eindruck dieser Worte und Bilder entziehen: „Wir sind ein Teil der Erde, und die Erde ist ein Teil von uns. Die duftenden Blumen sind unsere Schwestern; der Hirsch, das Pferd, der große Adler: sie alle sind unsere Brüder . . . Die Luft ist für den Roten Menschen kostbar, denn alle Dinge teilen den gleichen Atem – das wilde Tier, der Baum, der Mensch, sie alle teilen den gleichen Atem. . . Der Wind, der unserem Großvater den ersten Atemzug gab, empfängt auch seinen letzten Seufzer. Und der Wind muß auch unseren Kindern den Lebensgeist geben . . . Was immer der Erde widerfährt, widerfährt auch den Kindern der Erde . . . Alle Dinge sind miteinander verbunden wie das Blut, das eine Familie vereint . . ."

*Es ist leicht zu sehen, daß ein solcher Text – ganz
gleich, wer ihn geschrieben hat – mehr als ein mythi-
sches und religiöses Testament denn als eine historische Darlegung verstanden wird.*

*3. Die Worte dieser neueren Fassung berühren ein
Gefühl und eine Vorstellungswelt, die unserer abend-
ländischen Kultur bisher weitgehend verschlossen
gewesen ist. Es ist die Vorstellung, daß das Irdische
und das Geistige, das Weltliche und das Überweltli-
che, das Profane und das Heilige nicht unvereinbare
Gegensätze darstellen, sondern daß diese scheinbaren
Gegensätze tatsächlich in dieser Welt dicht miteinander verbunden sind und daß deshalb alles in dieser
Welt als heilig angesehen werden kann. Diese Idee, daß
alles und jedes in dieser Welt als spirituell und heilig
betrachtet wird, ist zwar neu und fremd für unser
abendländisches Verständnis der Welt, mag sich aber
sehr wohl als der Angelpunkt eines neuen und ganz-
heitlicheren Verständnisses der Welt erweisen.*

*Aus diesen und anderen Gründen können wir die
Qualitäten dieses Textes sehr wohl schätzen – und
doch zugleich die Autorenschaft des Chief Seattle für
diese sogenannte neuere Version seiner Rede in Abrede
stellen. Nicht der Text ist deshalb eine Fälschung, sondern die Überschrift, die Chief Seattle als Autor nennt.*

*Jeder Leser kann in den folgenden beiden Kapiteln
und im Anhang Ähnlichkeiten und Unterschiede zwischen der Urfassung der Rede Seattles von
1853/54–1887 und der sogenannten neueren Version
seiner Rede von 1970/71 selbst auffinden und erfor-
schen.*

Beide Reden werden ohne Kürzungen in deutscher

Fassung vorgelegt. Die Übersetzung stammt von Michaela Kaiser. Die englischen Fassungen der Texte finden sich – wie gesagt – im Anhang dieses Buches.

Wie können wir da Brüder werden?

(Die Rede Seattles
von 1853/54 in der
‚Urfassung' von 1887)

Der Himmel dort droben, der seit unzähligen Jahrhunderten Tränen des Mitgefühls auf unsere Vorfahren geweint hat und uns ewig erscheint, kann sich dennoch stets verändern. Heute ist er schön, morgen schon kann er von Wolken bedeckt sein. Meine Worte sind wie Sterne, die nicht untergehen. Was Seattle dem großen Häuptling Washington*) sagt, darauf kann er sich mit der gleichen Sicherheit verlassen, wie sich unsere bleichgesichtigen Brüder auf die Wiederkehr der Jahreszeiten verlassen können.

Der Sohn des weißen Häuptlings sagt, sein Vater sende uns Grüße der Freundschaft und des Wohlwollens. Das ist freundlich, denn wir wissen, daß er unserer Freundschaft wenig bedarf, weil sein Volk groß ist. Sie sind wie das Gras, das die unermeßliche Prärie bedeckt, während meine Leute nur wenige sind, vergleichbar den vereinzelten Bäumen auf einer vom Wind gepeitschten Ebene.

Der große und – wie ich vermute – auch gute weiße Häuptling schickt uns die Nachricht, daß er unser Land kaufen möchte, daß er aber auch bereit ist, uns zu erlauben, genug davon für uns zurückzubehalten, damit wir gut weiterleben können. Das erscheint wirklich großzügig, denn der Rote Mann hat keine Rechte mehr, die respektiert werden müßten; auch mag das Angebot weise sein, da wir nicht länger das weite Land benötigen.

Es gab eine Zeit, da unser Volk das ganze Land überzog, wie die Wellen des windgekräuselten Meeres seinen muschelgepflasterten Boden bedecken. Aber die Zeit ist lange vergangen, und mit ihr geriet die Großartigkeit unserer Völker ebenfalls in Vergessenheit. Ich will nicht klagen über unseren verfrühten Niedergang, noch meinen bleichgesichtigen Brüdern den Vorwurf machen, ihn beschleunigt zu haben, denn auch wir mögen an manchem die Schuld tragen.

Wenn unsere jungen Männer wegen eines tatsächlichen oder scheinbaren Unrechts ärgerlich werden und ihre Gesichter mit schwarzer Farbe entstellen, dann sind auch ihre Herzen entstellt und werden schwarz; dann ist ihre Grausamkeit unbarmherzig und kennt keine Grenzen, und unsere Alten sind nicht in der Lage, sie zurückzuhalten. Aber laßt uns hoffen, daß die Feindseligkeiten zwischen dem Roten Mann und seinen weißgesichtigen Brüdern niemals wiederkehren. Wir hätten alles zu verlieren und nichts zu gewinnen.

Es ist wahr, daß Rache – sogar auf Kosten des eigenen Lebens – unter unseren jungen Kriegern als erstrebenswert angesehen wird, aber alte Männer, die in Kriegszeiten zu Hause bleiben, und alte Frauen, die Söhne zu verlieren haben, wissen es besser.

Unser großer Vater Washington, denn ich nehme an, er ist jetzt genausogut unser Vater wie eurer, seit (König) George seine Grenzen nach Norden verlegt hat; unser großer und guter Vater, sage ich, sendet uns durch seinen Sohn, der ohne Zweifel bei seinem Volk ein großer Häuptling ist, die Nachricht, daß er uns beschützen wird, wenn wir tun, was er verlangt. Seine tapferen Armeen werden für uns ein starrender Wall der Stärke sein, und seine großen Kriegsschiffe werden unsere Häfen füllen, so daß unsere alten Feinde fern aus dem Norden, die Simsiams und Haidas, nicht länger unsere Frauen und alten Männer ängstigen. Dann wird er unser Vater sein und wir seine Kinder.

Aber kann das jemals sein? Euer Gott liebt euer Volk und haßt meines; er legt seine starken Arme liebend um den Weißen Mann und führt ihn, wie ein Vater seinen kleinen Sohn führt. Aber er hat seine Roten Kinder im Stich gelassen; er läßt euer Volk jeden Tag stärker werden, und bald werdet ihr euch über das ganze Land ausgebreitet haben, während unser Volk dahinschwindet wie das schnell zurückweichende Meer bei Ebbe, die niemals wieder zurückströmen wird.

Der Gott des Weißen Mannes kann seine Roten Kinder nicht lieben, sonst würde er sie beschützen. Sie scheinen Waisen zu sein, die nirgends Hilfe finden. Wie können wir da Brüder werden? Wie kann euer Vater unser Vater werden, uns Wohlergehen bringen und in uns Träume einer wiederkehrenden Größe erwecken?

Euer Gott scheint parteiisch zu sein. Er kam zum Weißen Mann. Wir sahen ihn nie, hörten noch nicht einmal seine Stimme. Er gab dem Weißen Mann Gesetze, aber er hatte keine Worte für seine Roten Kinder, von denen viele Millionen diesen unermeßlichen Kontinent füllten, wie die Sterne das Firmament füllen. Nein, wir sind zwei verschiedene Rassen und müssen es immer bleiben. Es gibt wenig Gemeinsames zwischen uns. Die Asche unserer Vorfahren ist heilig, und ihre letzte Ruhestätte ist geweihter Boden, während ihr euch von den Gräbern eurer Väter anscheinend ohne Trauer entfernt.

Eure Religion wurde von dem ehernen Finger eines erzürnten Gottes auf Steintafeln geschrieben, damit ihr sie nicht vergeßt. Der Rote Mann konnte das niemals begreifen und auch nicht behalten. – Unsere Religion besteht in den Traditionen unserer Vorfahren, den Träumen unserer alten Männer, die ihnen vom Großen Geist eingegeben wurden, und in den Visionen unserer Weisen – und sie steht geschrieben in den Herzen unseres Volkes.

Eure Toten hören auf, euch und den Ort ihrer Geburt zu lieben, sobald sie die Pforte des Grabes durchschritten haben. Sie wandeln weit entfernt jenseits der Sterne, sind bald vergessen und kehren niemals zurück.

Unsere Toten vergessen niemals diese wunderschöne Welt, die ihnen Leben gab. Immer noch lieben sie die gewundenen Flüsse, die großartigen Berge und die einsamen Täler; und immer empfinden sie die zärtlichste Zuneigung zu denen, die mit einsamen Herzen leben; und sie kehren oft zurück, um diese zu besuchen und zu trösten.

Tag und Nacht können nicht beieinander wohnen. Der Rote Mann ist immer vor dem herannahenden Weißen Mann geflohen, wie die wogenden Nebel auf der Bergseite vor der aufstrahlenden Morgensonne fliehen.

Wie auch immer: Euer Vorschlag scheint gerecht zu sein, und ich denke, mein Volk wird ihn akzeptieren und sich auf die Reservation zurückziehen, die ihr ihm anbietet; und wir werden abseits und in Frieden leben; denn die Worte des großen weißen Häuptlings scheinen die Stimme der Natur zu sein, die zu meinem Volk aus dem undurchdringlichen Dunkel spricht, welches sich so schnell um meine Leute zusammenzieht wie ein dichter Nebel, der sich vom mitternächtlichen Meer auf das Land schiebt.

Es ist ziemlich unwichtig, wo wir den Rest unserer Tage verbringen. Es sind ihrer nicht mehr viele. Die Nacht des Indianers verspricht dunkel zu werden. Kein heller Stern steht am Horizont. Winde klagen in der Ferne mit trauriger Stimme. Irgendeine grimmige Nemesis, eine Rachegöttin unserer Rasse, ist auf der Fährte des Roten Mannes; und wo er auch geht, er wird stets die todsicher herannahenden Schritte des grausamen Zerstörers hören und sich darauf vorbereiten, seinem Verhängnis entgegenzugehen – gleich dem verwundeten Reh, das die herannahenden Schritte des Jägers hört.

Nur wenige Monde mehr, wenige Winter: und nicht einer von all den gewaltigen Scharen, die einst dieses weite Land füllten und die nun in aufgelösten Gruppen durch die weite Einöde streifen, wird übrigbleiben, um an den Gräbern eines Volkes zu weinen, das einst so mächtig und hoffnungsvoll war wie das eure.

Aber warum sollten wir klagen? Warum sollte ich über das Schicksal meines Volkes murren? Stämme bestehen aus Individuen und sind nicht besser als diese. Menschen kommen und gehen wie die Wellen des Meeres. Eine Träne, eine Totenklage, und sie sind für immer unserem sehnsüchtigen Blick entschwunden. Auch der Weiße Mann, dessen Gott mit ihm gegangen ist und zu ihm gesprochen hat wie ein Freund zum Freund, ist nicht ausgenommen von dieser allgemeinen Bestimmung. Vielleicht sind wir letztlich doch Brüder. Wir werden sehen. Wir werden über euren Vorschlag nachdenken, und wenn wir entschieden haben, werden wir es euch wissen lassen. Doch sollten wir ihn akzeptieren, so stelle ich bereits hier und jetzt eine erste Bedingung: Daß uns nicht das Recht abgesprochen wird, ohne Belästigung und nach unserem Willen die Gräber unserer Vorfahren und Freunde zu besuchen.

Jeder Teil dieses Landes ist meinem Volke heilig. Jeder Hang, jedes Tal, jede Ebene und jedes Gehölz ist geheiligt durch eine zärtliche Erinnerung oder eine traurige Erfahrung meines Stammes. Sogar die scheinbar stumm in der Sonne brütenden Felsen der Küste in ihrer feierlichen Größe sind getränkt mit Erinnerungen an vergangene Ereignisse, die mit dem Schicksal meines

Volkes verbunden waren. Und selbst der Staub unter unseren Füßen antwortet liebevoller auf unsere Schritte als auf eure; denn er ist die Asche unserer Vorfahren, und unsere nackten Füße sind sich der wohlwollenden Berührung bewußt, da der Boden reich ist durch das Leben unserer Familien.

Die grimmigen Krieger und die liebevollen Mütter, die frohgemuten Mädchen und die kleinen Kinder, die hier lebten und sich freuten und von denen man jetzt nicht einmal mehr die Namen kennt, lieben immer noch diese Einöde, und ihre dunklen Winkel werden zur Abendzeit schattig durch die Anwesenheit der Geister der Dämmerung.

Und wenn der letzte Rote Mann von dieser Erde verschwunden sein wird und die Erinnerung an ihn unter den Weißen zu einem Mythos geworden ist, dann werden diese Gestade wimmeln von den unsichtbaren Toten meines Volkes; und wenn sich eure Kindeskinder allein fühlen auf dem Feld, im Geschäft, auf der großen Straße oder in der Stille der Wälder: Sie werden nicht allein sein. Auf der ganzen Erde gibt es keinen Ort, der der Einsamkeit geweiht ist. In der Nacht, wenn die Straßen eurer Städte und Dörfer still geworden sind und ihr sie verlassen wähnt, werden sie voll sein von den zurückkehrenden Scharen, die einst dieses wunderbare Land bevölkerten und es jetzt noch lieben. Der Weiße Mann wird niemals allein sein. Möge er gerecht sein und freundlich mit meinem Volk umgehen, denn die Toten sind nicht völlig machtlos.

*) *Dr. Smith fügte an dieser Stelle folgende Anmerkung in Klammern in seinen Text der Rede Seattles ein:*
„Die Indianer dachten früher, daß Washington noch am Leben sei.

Sie kannten den Namen als den eines Präsidenten, und wenn sie vom Präsidenten in Washington hörten, verstanden sie den Namen der Stadt als den des regierenden Staatsoberhauptes. Sie glaubten auch, daß König Georg immer noch Englands Monarch sei, weil die Händler der Hudson Bay sich selbst ‚König Georgs Männer' nannten. Die Handelsgesellschaft war schlau genug, die Indianer über diesen harmlosen Irrtum nicht aufzuklären. Ihre Mitglieder wußten, daß die Indianer so mehr Respekt vor ihnen hatten, als wenn sie gewußt hätten, daß England von einer Frau regiert wurde. Einige von uns wissen es inzwischen besser."

Alle Dinge sind miteinander verbunden

(Neuere Version;
sogenannte Rede Seattles
von 1970/71)

Der Große Häuptling in Washington sendet uns Nachricht, daß er unser Land zu kaufen wünscht.

Der große Häuptling sendet uns auch Worte der Freundschaft und des guten Willens. Das ist freundlich von ihm, da wir wissen, daß er seinerseits unserer Freundschaft kaum bedarf. Aber wir werden euer Ansinnen überdenken, denn wir wissen, daß die Weißen vielleicht mit Gewehren kommen und sich unser Land nehmen, wenn wir es nicht verkaufen.

Wie könnt ihr den Himmel und die Wärme der Erde kaufen oder verkaufen? Diese Vorstellung ist uns fremd. Wenn wir die Frische der Luft und das Glitzern des Wassers nicht besitzen, wie könnt ihr sie dann von uns kaufen?

Wir werden die Entscheidung zu unserer Zeit treffen. Und was der Häuptling Seattle sagt, darauf kann sich der große Häuptling in Washington so sicher verlassen, wie sich unsere Weißen Brüder auf die Wiederkehr der Jahreszeiten verlassen können. Meine Worte sind wie Sterne. Sie gehen nicht unter.

Jeder Teil dieser Erde ist meinem Volke heilig. Jede glänzende Kiefernnadel, jeder lichte Nebel in dunklen Wäldern, jede Lichtung und jedes summende Insekt ist heilig in der Erinnerung und der Erfahrung meines Volkes. Der in den Bäumen aufsteigende Saft trägt die Erinnerungen des Roten Mannes in sich.

Die Toten der Weißen vergessen das Land ihrer Geburt, wenn sie hingehen, um unter den Sternen zu wandeln. Unsere Toten vergessen diese wunderbare Erde niemals, denn sie ist die Mutter des Roten Mannes.

Wir sind ein Teil der Erde, und die Erde ist ein Teil von uns. Die duftenden Blumen sind unsere Schwestern; der Hirsch, das Pferd, der große Adler: sie alle sind unsere Brüder. Die felsigen Gipfel, die saftigen Wiesen, die Körperwärme des Ponys und der Mensch – sie alle gehören zur gleichen Familie.

Wenn also der große Häuptling in Washington die Nachricht schickt, daß er unser Land zu kaufen wünscht, so verlangt er viel von uns.

Der große Häuptling schickt auch die Nachricht, daß er uns ein Stück Land reservieren will, so daß wir dort angenehm für uns leben können. Er wird unser Vater und wir werden seine Kinder sein.

Aber kann das jemals sein? Gott liebt euer Volk, aber er hat seine Roten Kinder verlassen. Er schickt Maschinen, um den Weißen bei ihrer Arbeit zu helfen, und er baut große Dörfer für sie. Er macht euer Volk jeden Tag stärker. Bald werdet ihr das Land überfluten wie die Flüsse, die nach einem plötzlichen Regen die Schluchten hinunterstürzen. Aber mein Volk ist eine versiegende Ebbe, wir werden niemals wiederkehren.

Nein, wir sind verschiedene Rassen. Unsere Kinder spielen nicht miteinander, und unsere Alten erzählen verschiedene Geschichten. Gott gibt euch den Vorzug, und wir sind Waisen.

Euer Ansinnen unser Land zu kaufen, werden wir also überdenken. Aber es wird nicht einfach sein. Denn dieser Boden ist uns heilig. Wir haben Freude an diesen

Wäldern. Ich weiß nicht. Unsere Art ist anders als eure Art.

Dieses glitzernde Wasser, das in den Flüssen und Bächen fließt, ist nicht nur Wasser, sondern das Blut unserer Vorfahren. Wenn wir euch Land verkaufen, müßt ihr daran denken, daß es heilig ist und daß jede schemenhafte Spiegelung im klaren Wasser der Seen von Ereignissen und Erinnerungen im Leben meines Volkes erzählt. Das Murmeln des Wassers ist die Stimme meiner Väter.

Die Flüsse sind unsere Brüder, sie löschen unseren Durst. Die Flüsse tragen unsere Boote und ernähren unsere Kinder. Wenn wir euch unser Land verkaufen, müßt ihr dies bedenken und eure Kinder lehren, daß die Flüsse unsere Brüder sind und auch eure, und ihr müßt von dem Augenblick an den Flüssen die gleiche Freundlichkeit entgegenbringen wie jedem Bruder.

Der Rote Mann hat sich immer vor den heranrückenden Weißen zurückgezogen, so wie der Dunst der Berge am Morgen vor der Sonne flieht. Aber die Asche unserer Väter ist heilig. Ihre Gräber sind heiliger Boden, und deshalb sind diese Hügel, diese Bäume, dieser Teil der Erde uns heilig.

Wir wissen, daß die Weißen unsere Art nicht verstehen. Ein Teil des Landes ist für sie wie der andere, denn sie sind Fremde, die in der Nacht kommen und von dem Land nehmen, was sie benötigen. Die Erde ist nicht ihr Bruder, sondern ihr Feind, und wenn sie sie erobert haben, ziehen sie weiter. Sie lassen die Gräber ihrer Väter hinter sich und schenken ihnen keine Aufmerksamkeit mehr. Sie stehlen ihren Kindern die Erde. Sie machen sich nichts daraus.

Sie vergessen die Gräber ihrer Väter und das Geburtsrecht ihrer Kinder. Sie behandeln ihre Mutter, die Erde, und ihren Bruder, den Himmel, wie Dinge, die man kaufen, plündern und verkaufen kann, so wie man es mit Schafen oder mit glänzenden Perlen macht. Ihr Appetit wird die Erde verschlingen und nur eine Wüste zurücklassen. Ich weiß nicht. Unsere Art ist anders als eure. Der Anblick eurer Städte schmerzt das Auge des Roten Mannes. Aber vielleicht liegt es daran, daß die Roten Wilde sind und nichts verstehen.

Es gibt keinen ruhigen Ort in den Städten der Weißen. Keinen Ort, an dem man das Entfalten der Blätter im Frühling oder das Summen der Insektenflügel hören kann. Aber vielleicht liegt es daran, daß ich ein Wilder bin und nicht verstehe. Der Lärm scheint nur die Ohren zu beleidigen. Und was hat man vom Leben, wenn man nicht den einsamen Schrei des Ziegenmelkervogels oder das Streiten der Frösche am Teich in der Nacht hören kann?

Ich bin ein Roter Mann und verstehe so etwas nicht. Der Indianer zieht das sanfte Geräusch des Windes vor, der über das Antlitz eines Teiches streicht, und den Geruch des Windes selbst, gereinigt durch einen Mittagsregen oder schwer vom Geruch der Kiefern.

Die Luft ist für den Roten Menschen kostbar, denn alle Dinge teilen den gleichen Atem – das wilde Tier, der Baum, der Mensch, sie alle teilen den gleichen Atem.

Die Weißen scheinen die Luft, die sie atmen, nicht wahrzunehmen. Wie ein Mensch, der seit vielen Tagen im Sterben liegt, sind sie abgestumpft gegen den Gestank.

Aber wenn wir euch unser Land verkaufen, müßt ihr daran denken, daß die Luft für uns kostbar ist, daß die Luft ihren Geist mit all dem Leben teilt, das sie erhält.

Der Wind, der unserem Großvater den ersten Atemzug gab, empfängt auch seinen letzten Seufzer. Und der Wind muß auch unseren Kindern den Lebensgeist geben.

Und wenn wir euch unser Land verkaufen, müßt ihr es abgesondert und heilig halten als einen Ort, zu dem selbst Weiße gehen können, um den Wind zu spüren, der süß nach Wiesenblumen duftet.

Wir werden also euer Ansinnen, unser Land zu kaufen, überdenken. Wenn wir entscheiden, es anzunehmen, so werde ich eine Bedingung daran knüpfen. Die Weißen müssen die wilden Tiere dieses Landes wie ihre Geschwister behandeln.

Ich bin ein Wilder und verstehe es nicht anders. Ich habe tausend verfaulende Büffel auf der Prärie gesehen, liegengelassen von den Weißen, die sie von vorbeifahrenden Zügen erschossen hatten. Ich bin ein Wilder und ich verstehe nicht, wie das rauchende Eisenpferd wichtiger sein kann als der Büffel, den wir nur töten, um selbst leben zu können.

Was ist der Mensch ohne die Tiere? Wenn es keine Tiere mehr gäbe, würden die Menschen an großer Einsamkeit des Herzens sterben. Denn alles, was den Tieren geschieht, geschieht auch bald den Menschen. Alle Dinge sind miteinander verbunden.

Was immer der Erde widerfährt, widerfährt auch den Kindern der Erde.

Ihr müßt eure Kinder lehren, daß der Boden unter ihren Füßen die Asche unserer Großväter und

Großmütter ist. Damit eure Kinder das Land achten, erzählt ihnen, daß die Erde reich ist durch die Seelen unserer Vorfahren.

Lehrt eure Kinder, was wir unsere Kinder gelehrt haben: daß die Erde unsere Mutter ist.

Was immer der Erde widerfährt, widerfährt auch den Kindern der Erde. Wenn Menschen auf die Erde spucken, bespucken sie sich selbst.

Dieses wissen wir: Die Erde gehört nicht dem Menschen; der Mensch gehört der Erde.

Dieses wissen wir: Alle Dinge sind miteinander verbunden wie das Blut, das eine Familie vereint.

Alle Dinge sind miteinander verbunden.

Was immer der Erde widerfährt, widerfährt auch den Kindern der Erde. Der Mensch hat nicht das Gewebe des Lebens geschaffen; er ist in ihm lediglich eine Faser. Was immer er diesem Gewebe antut, tut er sich selbst an.

Nein, Tag und Nacht können nicht zusammenleben.

Unsere Toten leben fort in den süßen Flüssen der Erde, sie kehren zurück in den leisen Schritten des Frühlings, und es ist ihre Seele, die im Wind kommt und die Oberfläche der Seen kräuselt.

Wir werden darüber nachdenken, warum die Weißen unser Land kaufen möchten. Was ist es, das die Weißen kaufen möchten, fragt mich mein Volk. Diese Vorstellung ist uns fremd. Wie könnt ihr den Himmel kaufen oder verkaufen, die Wärme der Erde, die Schnelligkeit der Antilope? Wie können wir euch diese Dinge verkaufen, und wie könnt ihr sie kaufen?

Gehört die Erde euch, und könnt ihr damit tun, was euch beliebt, nur weil der Rote Mann ein Stück Papier unterschreibt und es den Weißen gibt? Wenn wir nicht die Frische der Luft und das Glitzern des Wassers besitzen, wie könnt ihr sie von uns kaufen? Könnt ihr den Büffel zurückkaufen, wenn erst einmal der letzte getötet ist?

Aber wir werden euer Ansinnen überdenken, denn wir wissen, daß die Weißen vielleicht mit Gewehren kommen und sich unser Land nehmen, wenn wir es nicht verkaufen. Doch wir sind Naturmenschen, und in einem vorübergehenden Augenblick der Stärke denken die Weißen, daß sie Gott sind und daß ihnen die Erde schon gehört.

Wie kann ein Mensch seine Mutter besitzen?

Aber wir werden euer Ansinnen, unser Land zu kaufen, überdenken.

Tag und Nacht können nicht zusammen wohnen.

Wir werden euer Ansinnen überdenken, in die Reservation zu gehen, die ihr für mein Volk bereitstellt. Wir werden abseits und in Frieden leben; es ist ziemlich unwichtig, wo wir den Rest unserer Tage verbringen.

Unsere Kinder haben gesehen, wie ihre Väter durch Niederlagen gedemütigt wurden. Unsere Krieger haben sich beschämt gefühlt; und nach der Niederlage verbringen sie ihre Tage mit Müßiggang; und sie vergiften ihre Körper mit süßer Nahrung und starken Getränken.

Es ist ziemlich unwichtig, wo wir den Rest unserer Tage verbringen. Es gibt nicht mehr viele. Wenige Stunden noch, wenige Winter noch, und keines von den Kindern der großen Stämme, die einstmals auf dieser Erde lebten oder die jetzt in kleinen Gruppen in den Wäldern herumstreifen, wird übrig sein, um an den Gräbern eines Volkes zu trauern, das einst so mächtig und hoffnungsvoll war wie eures.

Aber warum sollte ich über den Untergang meines Volkes trauern? Stämme bestehen aus Menschen und aus nichts anderem. Menschen kommen und gehen wie die Wellen des Meeres. Selbst die Weißen, deren Gott mit ihnen geht und zu ihnen spricht wie ein Freund zum Freund, können nicht von der allgemeinen Bestimmung ausgenommen sein. Vielleicht sind wir letztlich doch Brüder und Schwestern; wir werden sehen.

Eines wissen wir, das die Weißen vielleicht eines Tages auch entdecken werden – unser Gott ist der gleiche Gott.

Ihr denkt jetzt vielleicht, daß ihr IHN besitzt, wie ihr unser Land zu besitzen wünscht. Aber das könnt ihr nicht. Er ist der Gott der ganzen Menschheit, und sein Erbarmen für die Roten und die Weißen ist gleich. Diese Erde ist ihm kostbar, und der Erde Schaden zuzufügen, bedeutet soviel wie ihren Schöpfer zu verachten.

Auch die Weißen werden untergehen, vielleicht schneller als alle anderen Stämme und Völker. Fahrt fort, euer Bett zu besudeln, und ihr werdet eines Nachts in eurem eigenen Abfall ersticken.

Aber in eurem Untergang werdet ihr hell aufleuchten, entflammt durch die Kraft des Gottes, der euch in dieses Land geführt und der euch mit irgendeiner besonderen Absicht die Herrschaft über dieses Land und über die Roten Menschen gegeben hat.

Diese Bestimmung ist uns ein Rätsel, denn wir verstehen nicht: Wenn die Büffel alle geschlachtet, die wilden Pferde gezähmt und die verborgenen Stellen des Waldes erfüllt sind vom Geruch vieler Menschen; wenn der Blick auf die wunderbaren Hügel verunstaltet ist durch Telefondrähte – wo ist dann das Dickicht? Verschwunden. Wo der Adler? Verschwunden. Und was bedeutet es, dem schnellen Pony und der Jagd Lebewohl zu sagen? Es ist das Ende des Lebens und der Beginn des Überlebens.

Gott gab euch Herrschaft über die wilden Tiere der Wälder und über den Roten Mann – und das mit irgendeiner besonderen Absicht – aber diese Bestimmung ist für den Roten Mann ein Geheimnis.

Wir könnten sie vielleicht verstehen, wenn wir wüßten, was die Weißen träumen – welche Hoffnungen sie an langen Winterabenden in ihren Kindern erwecken, welche Visionen sie in ihre Herzen brennen, so daß die Kinder voller Erwartung ihrer Zukunft leben.

Aber wir sind Wilde. Die Träume der Weißen sind uns verborgen. Und weil sie verborgen sind, werden wir unseren eigenen Weg gehen. Denn vor allem anderen schätzen wir das Recht eines jeden Menschen, so zu leben, wie er möchte, ganz gleich, wie verschieden das auch sein mag vom Leben seiner Mitmenschen. Es gibt wenig Gemeinsames zwischen uns.

Wir werden also euer Ansinnen, unser Land zu kaufen, überdenken. Wenn wir zustimmen, wird der Grund die Sicherung der Reservation sein, die ihr uns versprochen habt. Und dort, vielleicht, können wir unsere kurzen Tage zu Ende bringen, wie wir es möchten. Wenn der letzte Rote Mann von dieser Erde verschwunden ist und die Erinnerung an ihn nur noch der Schatten einer Wolke ist, die über die Prärie schwebt, werden diese Küsten und Wälder immer noch die Seelen meines Stammes beherbergen. Denn sie lieben diese Erde, wie das Neugeborene den Herzschlag seiner Mutter liebt.

Wenn wir euch also unser Land verkaufen, liebt es, wie wir es geliebt haben.

Sorgt für es, wie wir für es gesorgt haben.

Tragt in euren Herzen die Erinnerung an das Land, wie es ist, wenn ihr es euch nehmt.

Und mit all eurer Kraft, mit all eurem Verstand, mit eurem ganzen Herzen bewahrt es für eure Kinder und liebt es (. . .) so wie Gott uns alle liebt.

Eines wissen wir. Unser Gott ist der gleiche Gott.

Diese Erde ist ihm kostbar. Selbst die Weißen können von der gemeinsamen Bestimmung nicht ausgenommen sein. Vielleicht sind wir letztlich doch Brüder und Schwestern. Wir werden sehen.

Ten Bears

Ten Bears, ein Comanche, der im 19. Jahrhundert lebte, war einer der wichtigsten indianischen Häuptlinge, die im Oktober 1867 am Medicine Lodge Creek im heutigen Staat Kansas an einer Versammlung mit weißen Beauftragten teilnahmen. Dabei sagte er zu den Abgesandten der US-Regierung unter anderem:

. . . ihr habt Dinge zu mir gesagt, die ich nicht mag. Sie sind nicht süß wie Zucker, sondern bitter wie ein Flaschenkürbis.

Ihr habt gesagt, daß ihr uns auf eine Reservation stecken wollt und daß ihr uns dort Häuser und Medizinhütten bauen wollt.

Ich will diese nicht.

Ich wurde auf der Prärie geboren, wo der Wind frei weht; und es gab dort nichts, was das Licht der Sonne brach.

Ich wurde dort geboren, wo es keine Umzäunungen gab und wo alles frei atmen konnte.

Dort möchte ich auch sterben – und nicht umringt von Mauern.

Ich kenne jeden Fluß und jeden Wald zwischen dem Rio Grande und dem Arkansas.

Ich habe in diesem Lande gejagt und gelebt.

Ich habe gelebt wie meine Vorfahren und – wie sie – habe ich glücklich gelebt.

Chief Joseph

„Die Erde und ich selbst
sind eines Sinnes.
Der Rhythmus des Landes
und der Rhythmus unserer Körper:
sie sind gleich.“

Chief Joseph

Wir sind frei geboren (1879)

Als Chief Joseph, der Führer und Sprecher der Nez Percés Indianer, am 21. September 1904 im Alter von etwa
64 Jahren und nach 27 Jahren gewaltsamer Trennung
von seiner angestammten Heimat auf der Coleville-
Reservation im Staate Washington starb, diagnostizier-
te der Arzt der Reservationsverwaltung als Todesursa-
che: ein gebrochenes Herz.

Um das Jahr 1840 wurde Chief Joseph als ältester
Sohn des Häuptlings Old Joseph geboren. Sein indianischer Geburtsname war Immut-too-yah-lat-lat,was
soviel heißt wie „Donner, der vom Wasser über das
Land kommt". Schon als junger Mann tat er sich her-
vor, allerdings weniger durch kriegerische Leistungen
als durch eine hohe Intelligenz, durch ruhige Beson-
nenheit und einen festen Charakter. Er war den
Weißen, die seit 1805 in kleinen Gruppen in die Wohn-
gebiete der Nez Percés Indianer in den Staaten Oregon
und Washington im Nordwesten der heutigen USA
gekommen waren, freundlich zugetan und bekannte
sich zum christlichen Glauben.

Als in den fünfziger Jahren des vorigen Jahrhunderts
größere Gruppen von Weißen in das Gebiet kamen und
als im Jahre 1860 dort auch noch Gold gefunden wurde, ließen Auseinandersetzungen zwischen den beiden
Rassen nicht lange auf sich warten. Die Territorialver-
waltung der Weißen schränkte zunächst das Gebiet der

Nez Percés Indianer außerordentlich ein und versuchte später, sie ganz aus dieser fruchtbaren Gegend zu vertreiben.

Häuptling Old Joseph und sein Sohn Chief Joseph wehrten sich entschieden gegen jede Vertreibung oder Umsiedlung. Die Häuptlinge einiger anderer Gruppen der Nez Percés waren da willfähriger (unter ihnen vor allem der bekannte Redner Lawyer). Sie unterzeichneten ein Abkommen über Landabtretung und erhielten dafür von den Weißen Decken und andere Geschenke.

Darauf geschah, was häufig in den Auseinandersetzungen zwischen Weißen und Indianern in Amerika passierte: Für die Indianer band die Unterschrift Lawyers nur die Gruppe von Indianern, deren Häuptling er war. Die Weißen aber deuteten die Vertragsunterschrift dieses einen Häuptlings als eine bindende Erklärung des ganzen Volkes der Nez Percés.

Im Jahre 1877 schließlich konnten Chief Joseph und einige andere Häuptlinge – Old Joseph war wenige Jahre zuvor gestorben – dem Druck der Weißen nicht mehr standhalten. Um jedoch einer Gefangennahme oder Zwangsumsiedlung durch amerikanische Soldaten zu entgehen, versuchten sie, sich mit mehr als 600 Männern, Frauen und Kindern nach Kanada durchzuschlagen. Über eine Entfernung von etwa 2000 Kilometern gelang es ihnen immer wieder, die weißen Verfolger zu überlisten, auszutricksen, in kleinen Scharmützeln zu besiegen und sie ein ums andere Mal abzuschütteln.

„In elf Wochen führte er (Chief Joseph) seine Gruppe kämpfend etwa 1600 Meilen durch vier US-Armeegruppen hindurch und legte durch eine geradezu geniale Guerilla-Kriegsstrategie (die heute noch in ‚West

Point Military Academy' gelehrt wird) eine Armee-gruppe nach der anderen lahm." (H. J. Stammel)

Wegen dieser taktisch überaus geschickten und fast erfolgreichen Flucht der Nez Percés wurde Chief Joseph bei den Weißen auch der „indianische Napoleon" genannt. Heute wird der Anteil Chief Josephs an dieser militärstrategischen Meisterleistung eher skeptisch beurteilt, da er selbst nie Kriegshäuptling war. So ist anzunehmen, daß andere Häuptlinge der Nez Percés für die raffinierten Fluchtwege und die erfolgreichen Gefechte mit den weißen Soldaten verantwortlich zeichneten. Nicht in Frage gestellt wird aber Chief Josephs Leistung als Häuptling, als Sprecher seiner Gruppe und später seines Stammes, als ein stets um Frieden bemühter und dann doch zum Krieg gezwungener besonnener Führer – und vor allem als ein großer Redner und hervorragender Meister des Wortes.

Eine besondere Gelegenheit, diese Meisterschaft zu bekunden, ergab sich kurz vor der kanadischen Grenze, als die Nez Percés von den weißen US-Soldaten gestellt wurden und ihre Flucht aufgeben mußten (5. Oktober 1877). Die kurze Kapitulationsrede Chief Josephs gilt als ein klassisches Beispiel indianischer Redekunst und ist wohl „die am meisten zitierte aller Indianerreden" (Dee Brown). In wenigen Sätzen zwingt diese Rede die Tragödie indianischen Leidens und indianischen Unterliegens in einer Art Brennglas zusammen. Der Text ist in die Geschichte eingegangen als ein Beispiel der Würde und des Mutes dieses Mannes und dieses indianischen Volkes.

Ich bin des Kämpfens müde

(Die Kapitulationsrede
vom 5. Oktober 1877)

Ich bin des Kämpfens müde. Unsere Häuptlinge sind getötet. Looking Glass ist tot. Toohoolhoolzote ist tot. Die Alten sind alle tot. Es sind jetzt die Jungen, die ja sagen oder nein. Derjenige, der die jungen Männer geführt hat (Ollokot), ist tot. Es ist kalt, und wir haben keine Decken. Die kleinen Kinder kommen um vor Kälte. Mein Volk, einige von ihnen, sind fortgelaufen in die Berge, und sie haben keine Decken, keine Nahrung. Niemand weiß, wo sie sind – vielleicht kommen sie um vor Kälte. Ich möchte Zeit haben, nach meinen Kindern zu schauen und zu sehen, wie viele von ihnen ich finden kann. Vielleicht finde ich sie unter den Toten.

Hört mich, meine Häuptlinge! Ich bin müde; mein Herz ist krank und traurig. Von dem jetzigen Stand der Sonne an werde ich nicht mehr kämpfen – nie mehr.

Die Anerkennung, die Chief Joseph bei den Weißen genoß, und die tragische Situation, in der er sich mit seinem Volk nach der Kapitulation befand, veranlaßten den Indianerinspektor General John O'Neill, ein Gespräch zwischen Chief Joseph und dem Präsidenten

99

der Vereinigten Staaten, Hayes, in die Wege zu leiten. Am 14. Januar 1879 konnte Chief Joseph vor versammelten Kongreßabgeordneten, Kabinettsmitgliedern und Diplomaten in Washington in einer längeren Rede auf die Geschichte und die Geschicke seines Volkes hinweisen. Er wiederholte kurz darauf diese Rede im wesentlichen in einem Interview, das er der Zeitschrift „North American Review" gab. In ihrer Ausgabe vom April 1879 druckte diese Zeitschrift den Text der Rede in ganzer Länge ab, und zwar unter der Überschrift: „An Indian's View of Indian Affairs" – „Die Ansichten eines Indianers über indianische Angelegenheiten."

Da nicht alle Abschnitte dieser sehr langen Rede für den heutigen Leser aktuell sind, wurde der Text hier etwas gekürzt. Die zentralen und auch für uns heute noch wichtigen und lehrreichen Abschnitte dieser großen Rede aber, in denen Chief Joseph eine ausgezeichnete Darstellung indianischer Lebensformen, indianischer Weltansichten und indianischer Einstellungen zur Welt der Weißen bietet, habe ich hier zusammengefaßt.

Die Worte des Häuptlings der Nez Percés hinterließen im Kongreß in Washington allerdings anscheinend keinen nachhaltigen Eindruck. Chief Joseph und seine Leute sahen nie ihr geliebtes Wallowa-Tal in Oregon wieder. Sie wurden eine Zeitlang in Kansas als Gefangene gehalten. Dort starben fünf von Chief Josephs Kindern. Später wurden diese Nez Percés zunächst auf eine Reservation in Oklahoma und daraufhin zur Coleville-Reservation im heutigen Staat Washington gebracht. Dort starb Chief Joseph – wie schon gesagt – am 21. September 1904 an „gebrochenem Herzen".

Wir sind frei geboren

(Kongreßrede
vom 14. Januar 1879)

Freunde, ich bin gebeten worden, euch mein Herz zu offenbaren. Ich bin froh, daß ich dazu eine Gelegenheit habe. Ich möchte, daß die Weißen mein Volk verstehen. (. . .)

Ich will euch auf meine Art erzählen, wie der Indianer die Dinge sieht. Der Weiße Mann hat mehr Worte, um darzulegen, wie für ihn die Dinge aussehen, aber es bedarf nicht vieler Worte, um die Wahrheit zu sprechen. Was ich zu sagen habe, wird aus meinem Herzen kommen, und ich werde nicht mit verbogener Zunge sprechen. Ah-cum-kim-i-ma-ne-hut, der Große Geist, schaut auf mich und wird mich hören. (. . .)

Unsere Väter gaben uns viele Gesetze, die sie ihrerseits von ihren Vätern gelernt hatten. Diese Gesetze waren gut. Sie lehrten uns, alle Menschen so zu behandeln, wie sie uns behandelten; daß wir nie die ersten sein sollten, die ein Abkommen brechen; daß es eine Schande sei, die Unwahrheit zu sagen; daß wir nur die Wahrheit sagen sollten; daß es für einen Mann eine Schande sei, von einem anderen die Frau zu nehmen oder sein Eigentum zu nehmen, ohne dafür zu bezahlen. Wir wurden angehalten zu glauben, daß der Große Geist alles sieht und hört und daß er niemals vergißt; daß er nach diesem Leben jedem Menschen eine geistige Heimat geben wird entsprechend seinen Verdiensten: Wenn er ein schlechter Mensch gewesen ist, wird er eine schlechte Heimat haben.

Dieses glaube ich, und alle meine Stammesangehörigen glauben dasselbe.

Es ist immer der Stolz der Nez Percés gewesen, daß sie Freunde der Weißen waren. Als mein Vater ein junger Mann war, kam ein Weißer in unser Land (der Geistliche Mr. Spaulding), der von religiösen Dingen sprach. Er gewann die Zuneigung unserer Menschen, weil er von guten Dingen zu ihnen redete. Zuerst sagte er nichts davon, daß Weiße auf unserem Land siedeln wollten. Davon wurde zuerst nichts gesagt – bis vor ungefähr 20 Wintern, als eine Anzahl Weißer in unser Land kam, dort Häuser baute und Bauernhöfe errichtete. Zunächst hatten unsere Menschen nichts dagegen. Sie waren der Ansicht, es gebe genug Platz für alle, um in Frieden zu leben, und sie lernten viele Dinge von den Weißen, die nützlich schienen.

Doch wir fanden bald heraus, daß die Weißen sehr schnell reich wurden und daß sie begierig waren, alles zu besitzen, was die Indianer hatten. Mein Vater war der erste, der diese bösen Pläne der Weißen durchschaute, und er warnte die Menschen seines Stammes, vorsichtig zu sein in ihrem Handel mit Weißen. Ihm waren Menschen nicht geheuer, die darauf aus zu sein schienen, Geld zu machen. Ich war damals ein Junge, aber ich erinnere mich gut an die Warnungen meines Vaters. Er hatte schärfere Augen als der Rest unseres Volkes . . .

Als nächstes kam ein weißer Beamter (Gouverneur Stevens), der alle Nez Percés zu einer Friedensberatung einlud. Nachdem die Sitzung eröffnet war, tat er seine Gedanken kund. Er sagte, es gebe viele Weiße in unserem Land und es würden noch viel mehr kommen. Er sagte auch, daß er das Land abgegrenzt sehen möchte, so daß Indianer und Weiße getrennt werden könnten. Wenn sie in Frieden miteinander leben wollten, so sei es notwendig, sagte er, daß die Indianer Land für sich reserviert hätten, und in diesem Land müßten sie bleiben. Mein Vater, der seine Gruppe repräsentierte, weigerte sich, irgend etwas mit der Beratung zu tun zu haben, weil er ein freier Mann sein wollte. Er betonte, daß kein Mensch irgendeinen Teil der Erde besitze, und ein Mensch könne nicht das verkaufen, was er nicht besitze.

Mr. Spaulding ergriff den Arm meines Vaters und sagte: „Komm und unterzeichne den Vertrag." Mein Vater stieß ihn zurück und sagte: „Warum forderst du mich auf, durch meine Unterschrift mein Land fortzugeben? Deine Aufgabe ist es, über religiöse Dinge zu uns zu sprechen und nicht darüber, daß wir uns von unserem Land trennen sollen." Gouverneur Stevens drängte meinen Vater, seinen Vertrag zu unterzeichnen, aber mein Vater weigerte sich: „Ich werde dein Papier nicht unterzeichnen", sagte er, „geh du, wohin du willst. Das tu ich auch. Du bist kein Kind, ich bin kein Kind; ich kann für mich selbst denken. Kein Mensch kann für mich denken. Ich habe keine andere Heimat als diese. Ich würde sie nicht aufgeben um eines anderen Menschen willen. Mein Volk hätte dann keine Heimat. Nimm dein Papier weg. Ich werde es nicht mit meiner Hand berühren."

Mein Vater verließ die Ratsversammlung. Einige Häuptlinge der anderen Gruppen der Nez Percés unterzeichneten den Vertrag, und Gouverneur Stevens gab ihnen daraufhin Decken als Geschenke. Mein Vater warnte sein Volk, keine Geschenke anzunehmen, denn: „Nach einiger Zeit", sagte er, „werden sie behaupten, daß ihr eine Bezahlung für euer Land angenommen habt." Seit der Zeit haben vier Gruppen der Nez Percés jährliche Zahlungen von den Vereinigten Staaten erhalten. Mein Vater wurde zu vielen Ratsversammlungen eingeladen, und sie versuchten immer wieder, ihn dazu zu bringen, den Vertrag zu unterzeichnen. Aber er blieb hart wie ein Fels und wollte nicht seine Heimat durch seine Unterschrift verlieren. Seine Weigerung führte zu Meinungsverschiedenheiten unter den Nez Percés. (. . .)

Jahre später lud die Regierung der Vereinigten Staaten wieder zu einer Ratsversammlung ein. Mein Vater war inzwischen blind und hinfällig geworden. Er konnte nicht mehr für sein Volk sprechen. Damals nahm ich den Platz meines Vaters als Häuptling ein. In dieser Ratsversammlung hielt ich meine erste Rede vor Weißen. Ich sagte zu dem Bevollmächtigten, der die Sitzung leitete:

„Ich wollte nicht zu dieser Versammlung kommen. Aber ich bin gekommen in der Hoffnung, daß wir Blutvergießen vermeiden können. Der Weiße Mann hat kein Recht, hierherzukommen und unser Land zu nehmen. Wir haben niemals irgendwelche Geschenke von der Regierung angenommen. Weder Lawyer (ein Häuptling der Nez Percés) noch irgendein anderer Häuptling hatte Vollmacht, dieses Land zu verkaufen. Es hat immer meinem Volk gehört. Es kam ungetrübt auf uns von unseren Vätern, und wir werden dieses Land verteidigen, solange noch ein Tropfen indianischen Blutes die Herzen unserer Männer wärmt."

Der weiße Bevollmächtigte sagte, er habe vom großen weißen Häuptling in Washington Befehle, daß wir auf die Lapwai-Reservation ziehen sollten, und er werde uns in vielerlei Weise helfen, wenn wir gehorchten. „Ihr müßt zur Dienststelle umziehen", sagte er. Ich antwortete ihm: „Das werde ich nicht tun. Ich brauche deine Hilfe nicht; wir haben von allem genug, und wir sind zufrieden und glücklich, wenn uns der Weiße Mann nur in Ruhe läßt. Die Reservation ist zu klein für so viele Menschen mit all ihrem Vieh. Du kannst deine Geschenke behalten; wir können in eure Städte fahren und alles bezahlen, was wir brauchen; wir haben genug Pferde und Vieh zu verkaufen, und wir wollen keine Hilfe von dir; wir sind jetzt frei; wir können gehen, wohin wir wollen. Unsere Vorfahren wurden hier geboren. Hier lebten sie, hier starben sie, hier sind ihre Gräber. Wir werden sie nie verlassen." Der Bevollmächtigte ging fort, und wir hatten eine kurze Zeit Frieden.

Bald darauf schickte mein Vater nach mir. Ich sah, daß er im Sterben lag. Ich nahm seine Hand in meine. Er sagte: „Mein Sohn, mein Leib kehrt jetzt zu meiner Mutter, der Erde, zurück, und meine Seele wird sehr bald den Großen Geist sehen. Wenn ich fort bin, dann denke an euer Land. Du bist der Führer dieser Menschen. Sie erwarten von dir, daß du sie führst. Denke immer daran, daß dein Vater dieses Land niemals verkauft hat. Du mußt deine Ohren immer verschließen, wenn du aufgefordert wirst, einen Vertrag zu unterschreiben, der euer Heimatland verkauft. Noch ein paar Jahre, und weiße Menschen werden hier überall um euch herum sein. Sie halten ihre Augen auf dieses Land gerichtet. Mein Sohn, vergiß niemals meine letzten Worte. In diesem Land ruht der Leib deines Vaters. Verkaufe niemals die Gebeine deines Vaters und deiner Mutter."

Ich drückte die Hand meines Vaters und sagte ihm, daß ich sein Grab mit meinem Leben beschützen würde. Mein Vater lächelte und ging fort in das Land, wo die Geister wohnen. Ich begrub ihn in dem schönen Tal der gewundenen Wasser. Ich liebe das Land mehr als den Rest der ganzen Welt. Ein Mensch, der nicht das Grab seines Vaters liebt, ist schlimmer als ein wildes Tier.

Eine kurze Zeit lang hatten wir Ruhe. Aber diese konnte nicht dauern. Weiße hatten in den Bergen hinter dem Land der gewundenen Wasser Gold gefunden. Sie stahlen uns viele Pferde, die wir nicht zurückbekommen konnten, weil wir Indianer waren. Die Weißen logen – der eine für den anderen. Sie trieben eine große Menge unseres Viehs fort. Einige Weiße kennzeichneten unsere jungen Rinder durch ein Brandzeichen, so daß sie sie als ihr Eigentum beanspruchen konnten. Wir hatten keine Freunde, die sich vor den Gerichten für unsere Sache einsetzten.

Es schien mir, daß einige der Weißen in Wallowa diese Dinge absichtlich taten, um einen Krieg zu inszenieren. Sie wußten, daß wir nicht stark genug waren, um sie zu bekämpfen. Ich gab mir größte Mühe, Schwierigkeiten und Blutvergießen zu vermeiden. Einen Teil unseres Landes gaben wir auf und überließen es den Weißen in der Hoffnung, daß wir dann Frieden hätten. Wir irrten uns. Die Weißen ließen uns nicht in Ruhe. Viele Male hätten wir Rache für das Unrecht nehmen können, das uns angetan wurde, aber wir taten es nicht. (. . .)

Jahr um Jahr wurden wir bedroht. Aber es wurde kein Krieg gegen uns geführt, bis General Howard vor zwei Jahren in unser Land kam und uns mitteilte, daß er der weiße Kriegsherr des ganzen Landes sei. Er sagte: „Ich habe sehr viele Soldaten hinter mir. Ich werde sie hierher bringen, und dann werde ich wieder mit euch reden. (. . .) Dieses Land gehört der Regierung, und ich habe die Absicht, dafür zu sorgen, daß ihr auf die Reservation zieht." (. . .)

Ich sagte zu General Howard: „Ich bin bereit, hier und heute zu sprechen. Ich bin in sehr vielen Ratssitzungen gewesen, aber sie haben mich nicht klüger gemacht. Obwohl wir in vielen Dingen unähnlich sind, so wurden wir doch alle von einer Frau geboren. Wir können nicht neu geschaffen werden. Du bist, wie du geschaffen wurdest; und wie du geschaffen wurdest, so kannst du bleiben. Wir sind so, wie wir vom Großen Geist geschaffen wurden, und du kannst uns nicht ändern. Warum also sollten Kinder einer Mutter und eines Vaters miteinander streiten – warum sollte der eine versuchen, den anderen zu betrügen? Ich glaube nicht, daß der Große Geist einer Gruppe Menschen das Recht gegeben hat, einer anderen Gruppe Menschen vorzuschreiben, was sie tun müssen."

General Howard erklärte: „Du streitest meine Autorität ab, ja? Du willst mir vorschreiben, ja?"

Da erhob sich einer von meinen Häuptlingen, Toohoolhoolzote, in der Versammlung und sagte zu General Howard: „Der Große Geist hat die Welt gemacht, wie sie ist und wie er sie haben wollte, und er hat einen Teil davon für uns gemacht, daß wir darauf leben sollten. Ich erkenne nicht, daß du die Vollmacht hast zu sagen, daß wir dort nicht leben sollen, wohin er uns gestellt hat."

General Howard verlor seine Fassung und sagte:

„Halt's Maul! Ich will von solchem Gerede nichts mehr hören. Das Gesetz besagt, daß ihr auf die Reservation gehen sollt, um dort zu leben, und ich will, daß ihr es tut. Aber ihr fahrt fort, das Gesetz zu mißachten (er meinte den Vertrag). Wenn ihr nicht zieht, werde ich die Sache in meine eigenen Hände nehmen und dafür sorgen, daß ihr für euren Ungehorsam büßt."

Toohoolhoolzote erwiderte: „Wer bist du, daß du uns erst aufforderst zu sprechen und dann sagst, daß ich nicht sprechen soll? Bist du der Große Geist? Hast du die Welt erschaffen? Hast du die Sonne gemacht? Hast du die Flüsse gemacht, die fließen, damit wir trinken können? Hat du das Gras wachsen lassen? Hast du all diese Dinge gemacht, daß du zu uns redest, als wenn wir Kinder wären? Wenn du dieses alles gemacht hast, dann hast du das Recht, so zu reden, wie du es tust."

General Howard erwiderte: „Du bist ein unverschämter Kerl, und ich werde dich ins Wachhaus stecken." Und er befahl einem Soldaten, ihn gefangenzunehmen.

Toohoolhoolzote leistete keinen Widerstand. Er fragte General Howard: „Ist das dein Befehl? Mir ist es gleich. Ich habe zu dir aus meinem Herzen gesprochen. Ich habe nichts zurückzunehmen. Ich habe für mein Land gesprochen. Du kannst mich gefangennehmen, aber du kannst mich nicht ändern oder mich veranlassen, das zurückzunehmen, was ich gesagt habe." (...)

Toohoolhoolzote wurde fünf Tage eingesperrt. Dann wurde er wieder freigelassen. (...)

Wenn der Weiße Mann mit den Indianern in Frieden leben will, so kann er in Frieden leben. Es braucht keine Scherereien zu geben. Behandelt alle Menschen gleich. Gebt ihnen dieselben Gesetze. Gebt ihnen allen eine gleiche Chance zu leben und zu wachsen. Alle Menschen wurden von demselben Großen Geist erschaffen. Wir sind alle Brüder. Die Erde ist die Mutter aller Menschen, und alle Menschen sollten auf ihr gleiche Rechte haben. Ihr könntet ebensogut erwarten, daß die Flüsse bergauf fließen wie daß irgendein Mensch, der frei geboren wurde, damit zufrieden sein sollte, wenn er eingesperrt wird und wenn ihm die Freiheit versagt wird zu gehen, wohin er möchte.

Wenn ihr ein Pferd an einen Pfosten bindet, glaubt ihr, daß es dann fett wird? Wenn ihr einen Indianer einsperrt auf einem kleinen Fleck Erde und ihn zwingt, dort zu bleiben, so wird er nie zufrieden sein, und er wird nicht wachsen und nicht gedeihen. Ich habe einige der großen weißen Führer gefragt, woher sie die Vollmacht nehmen, Indianern vorzuschreiben, daß sie an einem Ort bleiben sollen, während sie doch sehen, daß Weiße gehen, wohin sie wollen. Sie können mir keine Antwort geben. (. . .)

Wenn ich an unsere Verhältnisse denke, so ist mein Herz schwer. Ich sehe, daß Männer meiner Rasse behandelt werden wie Rechtlose und von Land zu Land getrieben oder wie Tiere niedergeschossen werden.

Ich weiß, daß die Menschen meiner Rasse sich ändern müssen. So wie wir sind, können wir uns gegenüber den Weißen nicht behaupten. Wir wollen nur eine gleiche Chance, so zu leben, wie andere Menschen leben. Wir wollen als Menschen anerkannt werden. Wir wollen, daß dieselben Gesetze bei allen Menschen gleich angewandt werden. Wenn ein Indianer das Gesetz bricht, so bestraft ihn nach dem Gesetz. Wenn ein Weißer das Gesetz bricht, so bestraft ihn ebenso. Laßt mich ein freier Mann sein – frei zu reisen, frei zu verweilen, frei zu arbeiten; frei, Handel zu treiben, wo ich möchte; frei, meine eigenen Lehrer auszuwählen; frei, der Religion meiner Väter zu folgen; frei, für mich selbst zu denken und zu sprechen und zu handeln – und ich will jedem Gesetz gehorchen oder mich der Bestrafung unterziehen.

Immer wenn Weiße die Indianer so behandeln wie sie einander behandeln, dann werden wir keine Kriege mehr haben. Wir werden alle gleich sein – Brüder von einem Vater und einer Mutter mit einem Himmel über uns und einem Land um uns herum und einer Regierung für uns alle. Dann wird der Große Geist, der oben herrscht, sein Lächeln über dieses Land erstrahlen lassen, und er wird Regen senden, um vom Antlitz der Erde die Flecken von Blut fortzuwaschen, die durch die Hand des Bruders entstanden sind. Auf diese Zeit warten die Indianer, und dafür beten sie. Ich hoffe, daß niemals mehr das Stöhnen verwundeter Männer und Frauen das Ohr des Großen Geistes in der Höhe erreichen wird und daß alle Menschen ein Volk sein werden.

In-mut-too-yah-lat-lat hat für sein Volk gesprochen.

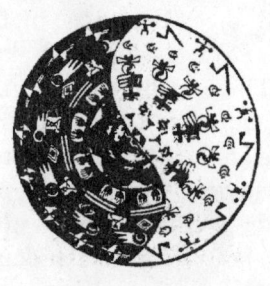

Wir streiten niemals über Gott

Chief Joseph antwortete (dem weißen Kommissar), daß die Nez Percés die Schulen der Weißen nicht wollten.

„Warum wollt ihr unsere Schulen nicht?" fragte der Kommissar.

„Sie werden uns beibringen, Kirchen zu haben", antwortete Joseph.

„Wollt ihr keine Kirchen?"

„Nein, wir wollen keine Kirchen."

„Warum wollt ihr keine Kirchen?"

„Sie werden uns beibringen, über Gott zu streiten", sagte Joseph. „Das wollen wir nicht lernen. Wir streiten vielleicht manchmal mit Menschen über irdische Dinge, aber wir streiten niemals über Gott. Wir möchten das nicht lernen."

(Dee Brown,
Bury my Heart
at Wounded Knee)

Wir waren damit zufrieden, die Dinge so zu belassen, wie der Große Geist sie gemacht hatte. Sie (die Weißen) waren das nicht. Sie veränderten die Flüsse und die Berge, wenn ihnen diese nicht paßten.

(Chief Joseph)

Die Erde wurde erschaffen mit dem Beistand der Sonne, und sie sollte so bleiben, wie sie immer war . . .

Das Land wurde gemacht ohne Grenzlinien, und es ist keines Menschen Aufgabe, es durch Grenzen zu teilen . . .

Ich sehe, wie die Weißen im ganzen Land Reichtum gewinnen, und ich sehe ihr Begehren, uns diejenigen Länder zu geben, die wertlos sind . . .

Die Erde und ich selbst sind eines Sinnes. Der Rhythmus des Landes und der Rhythmus unserer Körper: sie sind gleich.

(Chief Joseph)

Versteh mich nicht falsch, sondern versteh mich richtig und ganz mit Bezug auf meine Zuneigung zum Land: Ich habe nie gesagt, das Land sei mein und ich könnte damit tun, was ich wollte. Derjenige, der das Recht hat, darüber zu verfügen, ist derjenige, der es erschaffen hat. Ich beanspruche ein Recht, auf meinem Lande zu leben, und gestehe dir gern das Recht zu, auf deinem zu leben.

(Chief Joseph)

Sitting Bull

„Ich bin hier
durch den Willen des Großen Geistes;
und durch seinen Willen
bin ich ein Häuptling.
Mein Herz ist rot –"

Sitting Bull

Einer der bekanntesten indianischen Häuptlinge des 19. Jahrhunderts war zweifellos Sitting Bull, ein Häuptling der Sioux-Indianer. Er wurde im Jahre 1834 im Gebiet des heutigen South Dakota geboren – und zwei Wochen vor dem letzten Indianer-Massaker in Wounded Knee am 15. Dezember 1890 von einer Gruppe Indianer, die ihn gefangennehmen wollten, ermordet.

Nach der Schlacht am Little Bighorn River (1876) war Sitting Bull der berühmteste aller Indianer. Ob er selbst in dieser Schlacht General Custer besiegte oder an der Schlacht möglicherweise gar nicht teilnahm, bleibt umstritten.

Der folgende Text ist aus einer Rede, die Sitting Bull 1866 gehalten haben soll. Quelle sind die Aufzeichnungen des reinblütigen Sioux-Indianers Dr. Charles A. Eastman in seinem Buch ‚Indian Heroes and Great Chieftains‘, Boston 1918:

Seht, meine Brüder, der Frühling ist da. Die Sonne hat die Erde in Liebe umarmt. Bald werden wir die Kinder dieser liebenden Verbindung sehen.

Jedes Samenkorn und jedes Tier ist erwacht. Dieselbe große Kraft hat auch uns Leben gegeben. Darum haben auch unsere Mitmenschen und unsere Freunde, die Tiere, das gleiche Recht wie wir, auf dieser Erde zu wohnen.

Doch hört, meine Brüder. Jetzt haben wir es mit einer

114

anderen Art von Menschen zu tun. Sie waren wenige und schwach . . . jetzt aber sind sie viele und stark . . . Es ist kaum zu glauben, aber sie wollen die Erde umpflügen. Ihre Krankheit ist die Habgier . . . Sie sagen, die Erde, also unsere Mutter, gehöre ihnen . . . Sie zwingen unsere Mutter, zur Unzeit Leben zu gebären. Und wenn sie keine Frucht mehr trägt, geben sie ihr eine Medizin, damit sie wiederum gebiert. Was sie tun, ist nicht heilig.

Sie sind wie ein gewaltiger Strom zur Zeit der Überflutung. Er tritt über die Ufer und zerstört alles auf seinem Weg . . ."

Während eines Interviews in Kanada im Jahre 1877 erklärte Chief Sitting Bull folgendes:

Ich habe niemals auch nur soviel Land verkauft."

(Hierbei nahm Sitting Bull mit seinem Daumen und seinem Zeigefinger ein bißchen Staub auf, hielt ihn hoch und ließ ihn dann vom Wind forttragen.)

„Ich habe niemals einen Vertrag mit den Vereinigten Staaten abgeschlossen, der solches verkauft.

Ich kam nur, um meine Rechte einzufordern und die Rechte meines Volkes.

Ich wurde mit Gewalt von meinem Land fortgetrieben.

Ich habe niemals Krieg gegen die Regierung der Vereinigten Staaten geführt.

Ich habe niemals im Land des Weißen Mannes gestanden.

Ich habe niemals irgendeine Räuberei im Land des Weißen Mannes begangen.

Ich habe niemals das Herz des Weißen Mannes bluten lassen.

Vielmehr kam der Weiße Mann in mein Land und folgte mir.

Der Weiße Mann veranlaßte mich, für meine Jagdgebiete zu kämpfen.

Der Weiße Mann veranlaßte mich, ihn zu töten; denn sonst tötete er meine Freunde, meine Frauen und Kinder.

Wir alle haben hart gekämpft."

Auch folgender Text wird von Sitting Bull überliefert, ohne daß die Echtheit im einzelnen überprüft werden konnte:

Welchen Vertrag, den die Weißen gehalten haben, hat der Rote Mann gebrochen?

Nicht einen.

Welchen Vertrag, den die Weißen mit uns Roten je gemacht haben, haben sie gehalten?

Nicht einen.

Als ich ein Junge war, gehörte den Sioux die Welt. Die Sonne ging über ihrem Land auf und unter.

Sie schickten zehntausend Reiter in die Schlacht.

Wo sind die Krieger heute?

Wer erschlug sie?

Wo ist unser Land, wer besitzt es?

Welcher Weiße Mann kann sagen, daß ich sein Land gestohlen habe – oder auch nur einen Pfennig aus seiner Tasche?

Und doch sagen sie, ich sei ein Dieb.

Welche Weiße Frau – auch wenn sie allein und in Gefangenschaft war – wurde je von mir beleidigt?

Und doch sagen sie, ich bin ein böser Indianer.

Welcher Weiße Mann hat mich jemals betrunken gesehen?

Wer ist je hungrig zu mir gekommen und ist hungrig wieder fortgegangen?

Wer hat je gesehen, daß ich meine Frauen oder meine Kinder geschlagen habe?

Welches Gesetz habe ich gebrochen?

Ist es Unrecht, wenn ich das Meine liebe?

Bin ich verkommen,

– weil meine Haut rot ist?

– weil ich ein Sioux bin?

– weil ich dort geboren wurde, wo meine Vorfahren lebten?

– weil ich bereit bin, für mein Volk und für mein Land zu sterben?"

Im *August 1883 stellte der Senat der Vereinigten Staaten eine Kommission zusammen, welche die Lebensbedingungen indianischer Stämme in den Gebieten von Montana und Dakota überprüfen sollte. Als diese Kommission im August 1883 in der Standing Rock Agency Quartier bezog, wurde Sitting Bull von ihrem Vorsitzenden in einer herablassenden Form aufgefordert, sich zu äußern. Dadurch fühlte sich dieser herausgefordert, auf seine Position innerhalb der indianischen Gemeinschaften hinzuweisen – und er fügte hinzu:*

„Ich bin hier durch den Willen des Großen Geistes; und durch seinen Willen bin ich ein Häuptling. Mein Herz ist rot und süß . . ."

Chief Plenty Coups

Der Boden, auf dem wir stehen, ist heiliger Boden. Er ist der Staub und das Blut unserer Vorfahren . . .

Nur noch wenige Sommer, und man wird uns hier nicht mehr sehen und unser Staub und unsere Knochen werden sich mit dieser Prärie vermischen.

Wie in einer Vision sehe ich, daß der Funke der Feuer unserer Ratsversammlung erlischt, daß die Asche kalt und weiß wird. Ich sehe nicht mehr, daß sich der Rauch aus unseren Zeltpfählen nach oben ringelt. Ich höre nicht mehr die Lieder der Frauen bei der Vorbereitung der Mahlzeiten.

Die Antilope ist fort; die Suhlen der Büffel sind leer. Nur den Klageruf der Coyoten hört man noch.

Die Medizin des Weißen Mannes ist stärker als unsere. Sein eisernes Pferd faucht über die Büffelfährten. Er spricht zu uns durch seine flüsternden Drähte.

Wir sind wie Vögel mit einem gebrochenen Flügel. Mein Herz ist kalt in meiner Brust. Das Licht meiner Augen erlischt.

Ich bin alt.

(Chief Plenty Coups,
1848–1932,
in einer Abschiedsrede
in Montana
im Jahre 1909)

Walking Buffalo

Hügel sind immer schöner als Gebäude aus Steinen, wissen Sie. Leben in einer Stadt bedeutet immer eine künstliche Existenz. Viele Menschen fühlen kaum jemals richtige Erde unter ihren Füßen; sehen kaum jemals Pflanzen wachsen – außer in Blumentöpfen; oder entfernen sich weit genug von der letzten Straßenlaterne, um den Zauber eines mit Sternen übersäten Nachthimmels einzufangen. Wenn Menschen sich von den Schöpfungen des Großen Geistes entfernen, dann vergessen sie auch leicht seine Gesetze."

> (Der Stoney-Indianer
> Tatanga Mani
> oder Walking Buffalo,
> 1871–1967,
> in London/England 1958)

Wir standen in recht guter Beziehung zum Großen Geist, dem Schöpfer und Herrscher von allem. Ihr Weißen behauptet, wir seien Wilde. Ihr verstandet unsere Gebete nicht. Ihr habt auch gar nicht versucht, sie zu verstehen . . .

Wir sahen das Werk des Großen Geistes in fast allen Dingen: der Sonne, dem Mond, den Winden, den Bäumen und den Bergen. Manchmal näherten wir uns ihm mit Hilfe dieser Dinge. War das so schlimm? Ich glaube, wir haben einen wahrhaften Glauben an ein höchstes Wesen, einen stärkeren Glauben als die meisten

Weißen – die uns dennoch Heiden nennen . . . Indianer, die der Natur nahe sind und auch dem Herrscher der Natur, leben nicht in Dunkelheit.

Wußtet ihr, daß die Bäume sprechen? Nun, das tun sie. Sie sprechen miteinander und sie sprechen auch zu euch, wenn ihr nur zuhört. Das Problem ist, daß die Weißen nicht zuhören. Sie haben es nie gelernt, den Indianern zuzuhören; deshalb glaube ich auch nicht, daß sie auf andere Stimmen in der Natur hören. Aber ich habe viel von den Bäumen gelernt: manchmal über das Wetter, manchmal über Tiere, manchmal über den Großen Geist.

(Walking Buffalo)

Chief Dan George

„Wenn ihr eines meiner Kinder seht,
so achtet jedes einzelne von ihnen
für das, was es ist:
ein Kind unseres Vaters im Himmel
und euer Bruder.“

Chief Dan George

Meine Kultur ist wie ein verwundetes Reh

Chief Dan George, der Autor der folgenden Reden, ist ein
Indianer dieses 20. Jahrhunderts. Er wurde im Jahre 1899
geboren und war Führer und Häuptling der Swinomish-
Indianer auf der Burrard-Reservation in Vancouver (Bri-
tish Columbia, Kanada). In seiner Jugend hat er auch als
Hafenarbeiter und später als Filmschauspieler gearbeitet.
In dem Film „Little Big Man" spielt er Dustin Hoffmans
adoptierten Großvater, den Cheyennen-Häuptling Old
Lodge Skins. Für diese Rolle erhielt er 1970 die Auszeich-
nung „New York Film Critics Award".

In seinen Reden hat er sich zu einem sehr sprachge-
wandten Anwalt indianischer Interessen und zu einem
scharfsinnigen Beobachter der Kultur der Weißen entwickelt. Einen Vergleich zwischen den zwei Kulturen
konnte er aus eigener Erfahrung ziehen: Er war alt genug,
um noch die relativ ungestörte indianische Lebensweise
seiner Vorfahren kennengelernt zu haben – und jung
genug, um sein eigenes Leben vor allem im Rahmen der
nordamerikanischen Kultur der Weißen gestalten zu müssen.

Die folgende Rede wurde im Jahre 1976 in englischer
Sprache veröffentlicht:

Ich bin ein Eingeborener Nordamerikas. Im Laufe meines Lebens habe ich in zwei verschiedenen Kulturen
gelebt. Ich wurde in eine Kultur hineingeboren, die in
Gemeinschaftshäusern lebte. Das Haus meines Großva-

ters war 80 Fuß (ca. 25 Meter) lang. Man nannte es ein ‚smoke house' (Rauch-Haus), und es stand unten am Strand einer kleinen Bucht. Alle Söhne meines Großvaters lebten mit ihren Familien in diesem großen Gebäude. Ihre Schlafplätze waren durch Decken aus Schilf voneinander getrennt. Aber ein offenes Feuer in der Mitte diente als Kochplatz für alle.

In Häusern wie diesem lernten die Menschen, im ganzen Stamm miteinander zu leben; lernten es, einander zu helfen; lernten es, die Rechte des anderen zu respektieren. Und die Kinder nahmen an den Überlegungen der Erwachsenen teil und fanden sich umringt von Tante und Onkel und Cousin, die sie alle liebten, und niemand bedrohte sie. Mein Vater wurde in solch einem Haus geboren und lernte von Kindesbeinen an, Menschen gern zu haben und sich bei ihnen zu Hause zu fühlen.

Und über dieses Akzeptieren anderer Menschen hinaus existierte bei diesen Menschen eine hohe Achtung gegenüber allen Dingen in der Natur, die sie umgaben. Mein Vater liebte tatsächlich die Erde und alle ihre Geschöpfe. Die Erde war seine zweite Mutter. Die Erde und alles auf ihr war eine Gabe von See-see-am (. . .) und man dankte diesem Großen Geist, indem man seine Gaben mit Ehrfurcht benutzte.

Ich erinnere mich, wie ich als kleiner Junge mit ihm am Indian River fischen ging, und ich sehe ihn noch vor mir, als die Sonne sich am frühen Morgen über den Gipfeln der Berge erhob. Ich sehe ihn, wie er da am Rande des Wassers stand, die Arme über seinen Kopf erhoben, und sanft seufzte: „Danke, danke". Es hinterließ einen tiefen Eindruck in meinem Gemüt.

Und ich werde nie seine Enttäuschung vergessen, als er mich einmal mit einem Haken fischen sah, ‚nur so zum Spaß'. „Mein Sohn", sagte er, „der Große Geist hat dir diese Fische gegeben als deine Brüder, damit sie dir Nahrung sind, wenn du hungrig bist. Du mußt Achtung vor ihnen haben. Du darfst sie nicht einfach ‚nur so zum Spaß' töten."

Dieses also war die Kultur, in die ich hineingeboren wurde, und für einige Jahre war sie die einzige Kultur, die ich wirklich kannte und kostete. Darum finde ich es so schwer, viele der Dinge zu akzeptieren, die ich um mich herum sehe.

Ich sehe Menschen, die in ‚Smoke-Häusern' leben, die hundertmal größer sind als das, welches ich kannte. Aber die Menschen in einer Wohnung kümmern sich nicht um die Menschen in der nächsten, sie kennen sie nicht einmal.

Es ist auch schwierig für mich, den tiefen Haß zu verstehen, der zwischen Menschen existiert. Es ist schwierig, eine Kultur zu verstehen, die das Töten von Millionen von Menschen in vergangenen Kriegen rechtfertigt und die sich gerade jetzt darauf vorbereitet, mit Bomben eine noch größere Anzahl zu töten.

Es ist schwierig für mich, eine Kultur zu verstehen, die mehr Geld für Kriege und Waffen zum Töten ausgibt als für Erziehung und Wohlfahrt, mit denen man anderen Menschen in ihrer Entwicklung helfen kann.

Es ist schwierig für mich, eine Kultur zu verstehen, die nicht nur die eigenen Brüder und Schwestern haßt und bekämpft, sondern die auch die Natur angreift und sie mißbraucht. Ich sehe, wie meine weißen Brüder umhergehen und in ihren Städten die Natur auslöschen.

Ich sehe, wie sie die Hügel entblößen und häßliche Wunden auf dem Antlitz der Berge zurücklassen.

Ich sehe, wie sie Dinge aus dem Schoß der Mutter Erde zerren, als wenn sie ein Monstrum wäre, das sich weigert, seine Schätze mit ihnen zu teilen. Ich sehe, wie sie Gift ins Wasser gießen, teilnahmslos gegenüber dem Leben, das sie dort töten – und wie sie die Luft mit todbringenden Dämpfen erwürgen.

Mein weißer Bruder ist in vielen Dingen gut, denn er ist geschickter als mein Volk, aber ich frage mich, ob er weiß, wie man richtig liebt. Ich frage mich, ob er überhaupt jemals gelernt hat zu lieben. Vielleicht liebt er nur die Dinge, die ihm gehören, aber hat niemals gelernt, diejenigen Dinge zu lieben, die außerhalb von ihm sind und über ihn hinaus. Und das ist natürlich überhaupt keine Liebe, denn der Mensch muß alle Schöpfung lieben, oder er liebt nichts in ihr. Der Mensch muß umfassend lieben, oder er wird zum niedrigsten aller Tiere. Es ist die Kraft der Liebe, die ihn zum Größten von allen macht. Denn von allen Lebewesen ist er allein fähig zur Liebe. (. . .)

Meine Kultur belohnte nicht das Horten privaten Eigentums. Horten galt sogar als etwas Schändliches bei meinem Volk. Indianer verstanden alle Dinge in der Natur als zu ihnen gehörend, und sie waren darauf vorbereitet, diese mit anderen zu teilen und nur das zu nehmen, was sie benötigten.

Jeder Mensch gibt ebenso gern, wie er empfängt. Niemand möchte immer nur empfangen. Wir haben viel von eurer Kultur übernommen. Ich wollte, ihr hättet auch etwas von unserer Kultur übernommen. Denn es gab in ihr einige schöne und gute Dinge.

Bald wird es zu spät sein, meine Kultur kennenzuler-
nen, denn der Sog der Integration ist sehr stark, und bald
werden wir keine anderen Werte und Leitbilder mehr
haben als die euren. Schon haben viele unserer jungen
Leute die alten Sitten und Lebensformen vergessen.
Und viele haben sich ihrer indianischen Lebensweise
geschämt, weil sie verächtlich und lächerlich gemacht
wurde. Meine Kultur ist wie ein verwundetes Reh, das
sich fort in ein Dickicht geschleppt hat, um dort alleine
zu verbluten.

Das einzige, was uns wirklich helfen kann, ist wahre
Liebe.

Ich habe gesprochen.

*Chief Dan George sagte in einer Rede in Vancouver
1967 aus Anlaß der Feiern zum 100jährigen Bestehen
Kanadas:*

„ . . . in den langen hundert Jahren seit der Ankunft der
Weißen habe ich es erlebt, daß meine Freiheit ent-
schwand – so wie der Lachs geheimnisvoll ins Meer ent-
schwindet. Die seltsamen Lebensformen der Weißen,
die ich nie verstehen konnte, haben auf mir gelastet, bis
ich nicht mehr atmen konnte.

Wenn ich kämpfte, um mein Land und meine Heimat
zu verteidigen, dann nannte man mich einen Wilden.
Wenn ich diese neue Lebensform weder verstand noch
begrüßte, dann nannte man mich faul. Wenn ich versuchte, mein Volk zu leiten, dann nahm man mir meine Autorität fort.

Mein Volk wurde in euren Geschichtsbüchern igno-
riert; es war kaum wichtiger . . . als der Büffel, der auf
der Prärie lebte. In euren Theatern und euren Kinos
wurde ich verspottet; wenn ich euer Feuerwasser trank,
wurde ich betrunken – sehr, sehr betrunken, und so ver-
gaß ich . . .

Wie lange kenne ich dich, o Kanada? 100 Jahre? Ja,
100 Jahre. Und viele, viele Zeiträume dazu. Und heute,
da du deine 100 Jahre feierst: O Kanada, mir ist schwer
ums Herz wegen all der indianischen Völker im ganzen
Land.

Denn ich habe dich gekannt, als deine Wälder mir
gehörten; als sie mir meine Nahrung und meine Kleidung gaben. Ich habe dich gekannt in deinen Bächen
und Strömen, wo deine Fische blitzten und in der Sonne tanzten; wo die Wasser riefen: Kommt, kommt, und
eßt von meinem Reichtum. Ich habe dich gekannt in
der Freiheit deiner Stürme. Und mein Geist durchzog
einst deine guten Lande, so wie der Wind . . .

O Kanada, wie kann ich mit dir dieses Fest feiern, diese 100 Jahre? Soll ich dir danken für die Reservationen,
die du mir von meinen großartigen Wäldern überigge-
lassen hast? Für den Fisch aus Dosen – statt aus meinen
Flüssen? Für den Verlust meines Stolzes und meiner
Autorität – sogar unter meinen eigenen Leuten? Für die
Unfähigkeit in meinem Willen, mich zu widersetzen?
Nein! Ich muß vergessen, was vergangen und vorüber
ist.

Chief Dan George

Geschleudert durch die Jahrhunderte
(1976)

War es erst gestern, daß Menschen zum erstenmal zum Mond flogen? Du und ich sind erstaunt, daß Menschen so weit und so schnell reisen können. Doch, wenn sie weit gereist sind, dann bin ich weiter gereist – und wenn sie schnell gereist sind, dann bin ich schneller gereist. Denn ich wurde gewissermaßen vor tausend Jahren geboren, geboren in eine Kultur von Pfeil und Bogen. Aber innerhalb der Zeit eines halben Menschenlebens wurde ich durch die Jahrhunderte geschleudert in die Kultur der Atombombe hinein- und vom Pfeil und Bogen bis zur Atombombe ist eine Entfernung, die weit größer ist als ein Flug zum Mond.

Ich wurde geboren in einer Zeit, die die Dinge der Natur liebte und ihnen schöne Namen gab wie Tiswall-u-wit, anstatt eingetrocknete Namen wie Stanley Park.

Ich wurde geboren, als Menschen alle Natur liebten und zu ihr sprachen wie zu jemanden, der eine Seele hat. Ich kann mich erinnern, wie ich als sehr kleiner Junge mit meinem Vater den Indian River hinauffuhr; ich kann mich erinnern, wie er den strahlenden Sonnenball über dem Mount Pay-nay-ray sich erheben sah. Ich kann mich erinnern, wie er der Sonne mit einem Lied dankte, wie er es oft tat, indem er das indianische Wort für ,Danke' so sehr, sehr sanft sang.

Und dann kamen die (weißen) Menschen. Mehr und

mehr Menschen kamen. Wie eine mahlende, wie ein stürzende Woge kamen sie und schleuderten die Jahre zur Seite. Und plötzlich fand ich mich selbst als junger Mann mitten im 20. Jahrhundert. Ich fand mich und mein Volk hilflos umhertreibend in dieser neuen Zeit, nicht ein Teil von ihr. Wir wurden verschlungen von ihren dahineilenden Fluten – doch begegnet mir darum nicht mitleidig. Ich kann ohne Mitleid leben, aber nicht ohne meinen Mannesstolz. (. . .)

Was möchten wir? Zuallererst möchten wir geachtet werden und möchten erfahren, daß man uns die Menschenwürde zugesteht. Wir möchten eine gleiche Chance, ein erfolgreiches Leben zu führen, aber wir können nicht erfolgreich sein unter euren Bedingungen. Wir können uns nicht aufrichten und wachsen nach euren Normen. (. . .)

Wenn ihr eines meiner Kinder seht, so achtet jedes einzelne von ihnen für das, was es ist: ein Kind unseres Vaters im Himmel und euer Bruder. Ich denke, darauf läuft letzten Endes alles hinaus.

Ich möchte jetzt gern ein Gebet sprechen, das früher einmal, mit geringen Unterschieden in der Wortwahl, in ganz Nordamerika von den vielen Stämmen unseres Volkes gesprochen wurde – lange bevor der weiße Mann kam:

Großes Geheimnis
dessen Stimme ich in den Winden vernehme
dessen Atem der Welt Leben gibt
höre mich
Ich komme zu dir als eines deiner vielen Kinder
Ich brauche deine Kraft und deine Weisheit

131

Gib daß ich in Schönheit wandle
Gib daß meine Augen immer den purpurnen
    Sonnenuntergang schauen
Gib daß meine Hände die Dinge achten
    die du gemacht hast und
Gib daß meine Ohren deine Stimme
    vernehmen.
Laß mich weise sein
    so daß ich die Dinge erkenne
    die du mein Volk gelehrt hast
    die Lehren
    die du in jedem Blatt und jedem Stein
    verborgen hast
Laß mich stark sein
    nicht um stärker zu sein als mein Bruder
    sondern um Stärke für mich selbst zu haben
Laß mich immer bereit sein
    dir in die Augen zu schauen
    so daß
    wenn das Leben vergeht
    so wie der verblassende Sonnenuntergang
    meine Seele zu dir kommt
    ohne Beschämung

Indianische Proklamation

Im November 1969 besetzte eine Gruppe Indianer die Insel Alcatraz, die berühmte Gefängnisinsel in der Bucht von San Francisco, die zu dieser Zeit aber nur noch von einigen Hausmeistern bewohnt war. Die Indianer wollten dort ein indianisches Kultur- und Berufsbildungszentrum errichten. Von der Regierung wurden sie aufgefordert, die Insel zu verlassen. Da sie sich weigerten, wurden sie im Juni 1971 mit Gewalt von Alcatraz vertrieben.

Während der Besetzung begründeten sie ihren Anspruch auf die Insel mit der folgenden Proklamation.

Proklamation an den Großen Weißen Vater und sein ganzes Volk:

Wir, die eingeborenen Amerikaner, fordern im Namen aller Indianer das Land zurück, das als Alcatraz-Insel bekannt ist. Der Grund unserer Forderung ist, daß wir das Recht der Entdeckung haben.

Wir wollen fair und ehrenhaft sein in unseren Verhandlungen mit den europäischen Bewohnern dieses Landes und bieten deshalb hiermit den folgenden Vertrag an:

Wir werden für die besagte Insel Alcatraz 24 Dollar bezahlen, und zwar in Form von Glasperlen und rotem Tuch. Es gibt einen Präzedenzfall, bei dem die Weißen eine ähnliche Insel vor ungefähr 300 Jahren kauften.

Wir wissen, daß die 24 Dollar in Form von Handelswaren für diese 16 Acker mehr ist als das, was für die Insel Manhattan bezahlt wurde; aber wir wissen ja auch, daß der Wert des Landes über die Jahre gestiegen ist.

Unser Angebot von 1 Dollar 24 Cent für einen ‚acre‘ ist höher als die 47 Cent für einen ‚acre‘, welche die Weißen jetzt an die Indianer Kaliforniens für deren Land zahlen.

Wir werden auch den (weißen) Einwohnern dieser Insel einen Teil des Landes zu eigen geben; es soll dann für alle Zeit treuhänderisch verwaltet werden von dem Amt für indianische Angelegenheiten – solange die Sonne aufgeht und die Flüsse hinunter zum Meer fließen.

Weiterhin werden wir die Einwohner anleiten, in der richtigen Art zu leben. Wir werden ihnen unsere Religion anbieten, unsere Erziehung, unseren Lebensstil, um ihnen zu helfen, unser kulturelles Niveau zu erreichen. So werden wir ihnen und all ihren weißen Brüdern Hilfe in ihrem unzivilisierten und unglücklichen Zustand angedeihen lassen . . .

Wir empfinden, daß diese sogenannte Insel Alcatraz besonders geeignet ist für eine Indianerreservation, wenn man den Standard der Weißen selbst zugrunde legt. Damit meinen wir, daß dieser Ort den meisten Indianerreservationen in folgenden Punkten ähnelt:

1. Diese Insel ist isoliert von modernen Einrichtungen und besitzt keine modernen Transportmittel;
2. sie hat kein frisches Wasser;
3. sie besitzt keine angemessenen sanitären Anlagen;
4. es gibt hier keine Anrechte auf Öl oder Mineralien;
5. es gibt hier keine Industrie, und deshalb ist Arbeitslosigkeit sehr verbreitet;
6. es gibt keine Einrichtungen für die Gesundheitsfürsorge;
7. der Boden ist felsig und unfruchtbar; Wild kann sich von dem Land nicht ernähren;
8. es gibt keine Erziehungseinrichtungen;
9. die Bevölkerung war immer zu groß für die Landbasis;
10. die Menschen sind immer als Gefangene und in Abhängigkeit von anderen gehalten worden.

Auch finden wir, daß es sehr passend und symbolträchtig wäre, wenn Schiffe aus aller Welt, die durch das Golden Gate hereinfahren, zuerst Indianerland sehen würden. So würden sie an die wahre Geschichte dieser Nation erinnert. Diese kleine Insel wäre dann ein Symbol des großen Landes, das einst von freien und edlen Indianern beherrscht wurde.

Die Ältesten sagen

Die Ältesten sagen: Es gibt eine Zeit, um geboren zu werden; eine Zeit, um zu lernen; eine Zeit, um geliebt zu werden.

Und dann, sagen die Ältesten: Es gibt eine Zeit, um sich zu verheiraten; eine Zeit, um Kinder zu haben; eine Zeit, um die Kinder zu erziehen und sich an ihnen zu erfreuen.

Und dann, sagen die Ältesten: Es gibt eine Zeit, um ein erfülltes Leben zu leben; eine Zeit, um alt zu sein; eine Zeit, um umsorgt zu werden; eine Zeit, um sich an den Enkelkindern zu erfreuen – nämlich dann, wenn man seinen Teil zum Leben beigetragen hat.

Und dann, sagen die Ältesten, gibt es eine Zeit, um zu sterben.

Und dies sind die vier Lebenspfade. Jeder von uns wird sie gehen.

Dies sind die Pläne für das Leben hier auf dieser Erde.

Und diese Dinge sind heilig.

(Alvin Dashee, Hopi,
ca. 1970)

Anhang

Es folgt die vollständige englische Fassung der zwei langen Reden, die mit dem Namen Chief Seattles in Verbindung gebracht werden.

(Vgl. hierzu: Rudolf Kaiser, This Land is Sacred – Views and Values of North American Indians. Kollegstufenband für die Sekundarstufe II Englisch. Hannover, Schroedel Verlag 1986; Schülerband (10354) S. 22–25; Lehrerband (10364) S. 16–18)

Zur Frage der Echtheit dieser Texte vgl. die Einleitung zur deutschen Fassung dieser Reden in diesem Buch (S. 62 bis 75).

Urfassung der Rede Seattles von 1853/54–1887 in englischer Sprache

(einschließlich der einführenden und ausführenden Erläuterungen des Dr. Henry A. Smith aus dem „Seattle Sunday Star" vom 29. Oktober 1887)

Old Chief Seattle was the largest Indian I ever saw, and by far the noblest looking. He stood nearly six feet full in his moccasins, was broad shouldered, deep chested, and finely proportioned. His eyes were large, intelligent, expressive, and friendly when in repose, and faithfully mirrored the varying moods of the great soul that looked through them. He was usually solemn, silent and dignified, but on great occasions moved among assembled multitudes like a Titian among Lilliputians, and his lightest word was law.

When rising to speak in council or to tender advice, all eyes were turned upon him, and deep-toned, sonorous and eloquent sentences rolled from his lips like the ceaselesss thunders of cataracts flowing from exhaustless fountains, and his magnificent bearing was as noble as that of the most cultivated military chieftain in command of the forces of a continent. Neither his eloquence, his dignity or his grace, was acquired. They were as native to his manhood as leaves and blossoms are to a flowering almond.

His influence was marvellous. He might have been an emperor but all his instincts were democratic, and he ruled his loyal subjects with kindness and paternal benignity. He was always flattered by marked attention from white men, and never so much as when seated at their tables, and on such occasions he manifested more than anywhere else the genuine instincts of a gentleman.

When Governor Stevens first arrived in Seattle and told the natives that he had been appointed Commissioner of Indian affairs for Washington Territory, they gave him a demonstrative reception in front of Dr. Maynard's office, near the water front on Main Street. The Bay swarmed with canoes and the shore was lined with a living mass of swaying, writhing, dusky humanity, until old Chief Seattle's trumpet toned voice rolled over the immense multitude, like the startling reveille of a bass drum, when silence became as instanteneous and perfect as that which follows a clap of thunder from a clear sky.

The Governor was then introduced to the native multitude by Dr. Maynard, and at once commenced, in a conversational plain and straight-forward style, an explanation of his mission among them, which is too well understood to require recapitulation.

When he sat down, Chief Seattle arose, with all the dignity of a senator who carries the responsibilities of a great nation on his shoulders. Placing one hand on the Governor's head, and slowly pointing heavenward with the index finger of the other, he commenced his memorable address in solemn and impressive tones:

Yonder sky that has wept tears of compassion on our fathers for centuries untold, and which, to us, looks eternal, may change. Today it is fair, tomorrow it may be overcast with clouds. My words are like the stars that never set. What Seattle says, the great chief, Washington, (the Indians in early times thought that Washington was still alive. They knew the name to be that of a president, and when they heard of the president at Washington they mistook

139

the name of the city for the name of the reigning chief. They thought, also, that King George was still England's monarch, because the Hudson bay traders called themselves "King George men". This innocent deception the company was shrewd enough not to explain away for the Indians had more respect for them than they would have had, had they known England was ruled by a woman. Some of us have learned better.) can rely upon, with as much certainty as our pale-face brothers can rely upon the return of the seasons.

The son of the white chief says his father sends us greetings of friendship and good-will. This is kind, for we know he has little need of our friendship in return, because his people are many. They are like the grass that covers the vast prairies, while my people are few, and resemble the scattering trees of a storm-swept plain.

The great, and I presume also good, white chief sends us word that he wants to buy our lands but is willing to allow us to reserve enough to live on comfortably. This indeed appears generous, for the red man no longer has rights that he need respect, and the offer may be wise, also, for we are no longer in need of a great country.

There was a time when our people covered the whole land as the waves of a wind-ruffled sea cover its shell-paved floor. But that time has long since passed away with the greatness of tribes almost forgotten. I will not mourn over our untimely decay, nor reproach my pale-face brothers with hastening it, for we, too, may have been somewhat to blame.

When our young men grow angry at some real or imaginary wrong and disfigure their faces with black paint, their hearts, also, are disfigured and turn black, and then their cruelty is relentless and knows no bounds, and our old men are not able to restrain them.

But let us hope that hostilities between the red man and his pale-face brothers may never return. We would have everything to lose and nothing to gain.

True is that revenge, with our young braves, is considered gain, even at the cost of their own lives, but old men who stay at home in times of war, and old women who have sons to lose, know better.

Our great father Washington, for I presume he is now our father as well as yours, since George has moved his boundaries to the north; our great and good father, I say, sends us word by his son, who, no doubt is a great chief among his people, that if we do as he desires, he will protect us. His brave armies will be to us a bristling wall of strength, and his great ships of war will fill our harbors so that our ancient enemies far to the northward, the Simsiams and Hydas, will no longer frighten our women and old men. Then he will be our father and we will be his children.

But can this ever be? Your God loves your people and hates mine; he folds his strong arms lovingly around the white man and leads him as a father leads his infant son, but he has forsaken his red children; he makes your people wax strong every day, and soon they will fill the land; while our people are ebbing away like a fast receding tide, that will never flow again. The white man's God cannot love his red children or he would protect them. They seem to be orphans and can look nowhere for help. How then can we become brothers? How can your father become our father and bring us prosperity and awaken in us dreams of returning greatness?

Your God seems to us to be partial. He came to the white man. We never saw Him; never even heard His voice; He gave the white man laws but He had no word for His red children whose teeming millions filled this vast continent as the stars fill the firmament. No, we are two distinct races and must ever remain so. There is little in common between us. The ashes of our ancestors are sacred and their final resting place is hallowed ground, while you wander away from the tombs of your fathers seemingly without regret.

Your religion was written on tables of stone by the iron finger of an angry God, lest you might forget it. The red man could never remember nor comprehend it.

Our religion is the tradition of our ancestors, the dreams of our old men, given them by the great Spirit and the visions of our sachems, and is written in the hearts of our people. Your dead cease to love you and the homes of their nativity as soon as they pass the portals of the tomb. They wander far off beyond the stars, are soon forgotten and never return. Our dead never forget the beautiful world that gave them being. They still love its winding rivers, its great mountains and its sequestered vales, and they ever yearn in tenderest affection over the lonely hearted living and often return to visit and comfort them.

Day and night cannot dwell together. The red man has ever fled the approach of the white man, as the changing mists on the mountain side flee before the blazing morning sun.

However, your proposition seems a just one, and I think my folks will accept it and will retire to the reservation you offer them, and we will dwell apart and in peace, for the words of the great white chief seem to be the voice of nature speaking to my people out of the thick darkness that is fast gathering around them like a dense fog floating inward from a midnight sea.

It matters but little where we pass the remainder of our days. There are not many. The Indian's night promises to be dark. No bright star hovers about the horizon. Sad-voiced winds moan in the distance. Some grim Nemesis of our race is on the red man's trail, and wherever he goes he will still hear the sure approaching footsteps of the fell destroyer and prepare to meet his doom, as does the wounded doe that hears the approaching footsteps of the hunter. A few more moons, a few more winters, and not one of all the mighty hosts that once filled this broad land or that now roam in fragmentary bands through these vast solitudes will remain to weep over the tombs of a people once as powerful and as hopeful as your own!

But why should we repine? Why should I murmur at the fate of my people? Tribes are made up of individuals and are no better than they. Men come and go like the waves of the sea. A tear, a tamanamus, a dirge, and they are gone from our longing eyes forever. Even the white man, whose God walked and talked with him, as fried to friend, is not exempt from the common destiny. We may be brothers after all. We shall see.

We will ponder your proposition, and when we have decided we will tell you. But should we accept it, I here and now make this the first condition: That we will not be denied the privilege, without molestation, of visiting at will the graves of our ancestors and friends. Every part of this country is sacred to my people. Every hill-side, every valley, every plain and grove has been hallowed by some fond memory or some sad experience of my tribe.

Even the rocks that seem to lie dumb as they swelter in the sun along the silent seashore in solemn grandeur thrill with memories of past events connected with the fate of my people, and the very dust under your feet responds more lovingly to our footsteps than to yours, because it is the ashes of our ancestors, and our bare feet are conscious of the sympathetic touch, for the soil is rich with the life of our kindred.

The sable braves, and fond mothers, and glad-hearted maidens, and the little children, who lived and rejoiced here, and whose very names are now forgotten, still love these solitudes, and their deep fastnesses at eventide grow shadowy with the presence of dusky spirits. And when the last red man shall have perished from the earth and his memory among white men shall have become a myth, these shores shall swarm with the invisible dead of my tribe, and when your children's children shall think themselves alone in the field, the store, the shop, upon the highway or in the silence of the woods they will not be alone. In all the earth there is no place dedicated to solitude. At night, when the streets of your cities and villages shall be silent, and you think them deserted, they will throng with the returning hosts that once filled and still love this beautiful land. The white man will never be alone. Let him be just and deal kindly with my people, for the dead are not altogether powerless."

Other speakers followed, but I took no notes. Governor Stevens' reply was brief. He merely promised to meet them in general council on some future occasion to discuss the proposed treaty. Chief Seattle's promise to adhere to the treaty, should one be ratified, was observed to the letter, for he was ever the unswerving and faithful friend of the white man.

The above is but a fragment of his speech, and lacks all the charm lent by the grace and earnestness of the sable old orator and the occasion.

H. A. Smith

Sogenannte Neuere Version der Rede Seattles von 1970/71 in englischer Sprache

(Vollständiger Begleittext
des Filmes ‚Home')

The Great Chief in Washington sends word that he wishes to buy our land.

The Great Chief also sends us words of friendship and good will. This is kind of him, since we know he has little need of our friendship in return. But we will consider your offer. For we know that if we do not sell, the white man may come with guns and take our land.

How can you buy or sell the sky, the warmth of the land? The idea is strange to us.

If we do not own the freshness of the air and the sparkle of the water, how can you buy them?

Every part of this earth is sacred to my people. Every shining pine needle, every sandy shore, every mist in the dark woods, every clearing, and humming insect is holy in the memory and experience of my people. The sap which courses through the trees carries the memories of the red man.

The white man's dead forget the country of their birth when they go to walk among the stars. Our dead never forget this beautiful earth, for it is the mother of the red man. We are part of the earth and it is part of us. The perfumed flowers are our sisters; the deer, the horse, the great eagle, these are our brothers. The rocky crests, the juices in the meadows, the body heat of the pony, and man – all belong to the same family.

So, when the Great Chief in Washington sends word that he wishes to buy our land, he asks much of us.

The Great Chief sends word he will reserve us a place so that we can live comfortably to ourselves. He will be our father and we will be his children.

So we will consider your offer to buy our land. But it will not be easy. For this land is sacred to us.

This shining water that moves in the streams and rivers is not just water but the blood of our ancestors. If we sell you land, you must remember that it is sacred, and you must teach your children that it is sacred, and that each ghostly reflection in the clear water of the lakes tells of events and memories in the life of my people. The water's murmur is the voice of my father's father.

The rivers are our brothers, they quench our thirst. The rivers carry our canoes, and feed our children. If we sell you our land, you must remember, and teach your children that the rivers are our brothers, and yours, and you must henceforth give the rivers the kindness you would give any brother.

The red man has always retreated before the advancing white man, as the mist of the mountain runs before the morning sun. But the ashes of our fathers are sacred. Their graves are holy ground, and so these hills, these trees, this portion of the earth is consecrated to us.

We know that the white man does not understand our ways. One portion of land is the same to him as the next, for he is a stranger who comes in the night and takes from the land whatever he needs. The earth is not his brother but his enemy, and when he has conquered it, he moves on. He leaves his fathers' graves behind, and he does not care. He kidnaps the earth from his children. He does not care.

His fathers' graves and his children's birthright are forgotten. He treats his mother, the earth, and his brother, the sky, as things to be bought, plundered, sold like sheep or bright beads. His appetite will devour the earth and leave behind only a desert.

I do not know. Our ways are different from your ways. The sight of your cities pains the eyes of the red man. But perhaps it is because the red man is a savage and does not understand.

There is no quiet place in the white man's cities. No place to hear the unfurling of leaves in spring or the rustle of insects' wings. But perhaps it is because I am a savage and do not understand. The clatter only seems to insult the ears.

And what ist there to life if a man cannot hear the lonely cry of the whippoorwill or the arguments of the frogs around a pond at night? I am a red man and do not understand. The Indian prefers the soft sound of the wind darting over the face of a pond, and the smell of the wind itself, cleansed by a midday rain, or scented with the pinon pine.

The air is precious to the red man, for all things share the same breath – the beast, the tree, the man, they all share the same breath. The white man does not seem to notice the air he breathes. Like a man dying for many days, he is numb to the stench.

But if we sell you our land, you must remember that the air is precious to us, that the air shares its spirit with all the life it supports. The wind that gave our grandfather his first breath also receives his last sigh. And the wind must also give our children the spirit of life. And if we sell you our land, you must keep it apart and sacred, as a place where even the white man can go to taste the wind that is sweetened by the meadow's flowers.

So we will consider your offer to buy our land. If we decide to accept, I will make one condition: The white man must treat the beasts of this land as his brothers.

I am a savage and I do not understand any other way. I have seen a thousand rotting buffaloes on the prairie, left by the white man who shot them from a passing train. I am a savage and I do not understand how the smoking iron horse can be more important than the buffalo that we kill only to stay alive.

What is man without the beasts? If all the beasts were gone, men would die from a great loneliness of spirit. For whatever happens to the beasts, soon happens to man. All things are connected.

You must teach your children that the ground beneath their feet is the ashes of our grandfathers. So that they will respect the land, tell your children that the earth is rich with the lives of our kin. Teach your children what we have taught our childeren, that the earth is our mother. Whatever befalls the earth, befalls the sons of the earth. If men spit upon the ground, they spit upon themselves.

This we know. The earth does not belong to man; man belongs to the earth. This we know. All things are connected like the blood which unites one family. All things are connected.

Whatever befalls the earth befalls the sons of the earth. Man did not weave the web of life; he is merely a strand in it. Whatever he does to the web, he does to himself.

No, day and night cannot live together.

Our dead go to live in the earth's sweet rivers, they return with the silent footsteps of spring, and it is their spirit, running in the wind, that ripples the surface of the ponds. We will consider why the white man wishes to buy the land. What is it that the white man wishes to buy, my people ask me. The idea is strange to us. How can you buy or sell the sky, the warmth of the land? – – the swiftness of the antelope? How can we sell these things to you and how can you buy them? Is the earth yours to do with it as you will, merely because the red man signs a piece of paper and gives it to the white man? If we do not own the freshness of the air and the sparkle of the water, how can you buy them from us?

Can you buy back the buffalo, once the last one has been killed? But we will consider your offer, for we know that if we do not sell, the white man may come with guns and take our land. But we are primitive, and in his passing moment of strength the white man thinks that he is a god who already owns the earth. How can a man own his mother?

But we will consider your offer to buy our land. Day and night cannot live together. But we will consider your offer to go to the reservation you have for my people. We will live apart and in peace. It matters little where we spend the rest of our days. Our children have seen their fathers humbled in defeat. Our warriors have felt shame, and after defeat they turn their days in idleness and contaminate their bodies with sweet foods and strong drink.

It matters little where we pass the rest of our days. They are not many. A few more hours, a few more winters, and none of the children of the great tribes that once lived on this earth or that roam now in small bands in the woods, will be left to mourn the graves of a people once as powerful and hopeful as yours. But why should I mourn the passing of my people. Tribes are made of men, nothing more. Men come and go, like the waves of the sea.

Even the white man, whose God walks and talks with him as friend to friend, cannot be exempt from the common destiny. We may be brothers after all; we shall see. One thing we know, which the white man may one day discover – our God is the same God.

You may think now that you own Him as you wish to own our land; but you cannot. He is the God of man, and

His compassion is equal for the red man and the white. This earth is precious to Him, and to harm the earth is to heap contempt on its Creator. The whites too shall pass perhaps sooner than all other tribes.

Continue to contaminate your bed, and you will one night suffocate in your own waste.

But in your perishing you will shine brightly fired by the strength of God who brought you to this land and for some special purpose gave you dominion over this land and over the red man. That destiny is a mystery to us, for we do not understand: when the buffalo are all slaughtered, the wild horses are tamed, the secret corners of the forest heavy with the scent of many men, and the view of the ripe hills blotted by talking wires:

Where is the thicket? Gone. Where ist the eagle? Gone. And what is it to say good-bye to the swift pony and the hunt? The end of living and the beginning of survival.

So we will consider your offer to buy our land. If we agree, it will be to secure the reservation you have promised. There, perhaps, we may live out our brief days as we wish. When the last red man has vanished from this earth, and his memory is only the shadow of a cloud moving across the prairie, these shores and forests will still hold the spirits of my people. For they love this earth as the newborn loves its mother's heartbeat.

So if we sell you our land, love it as we've loved it. Care for it as we've cared for it. Hold in your mind the memory of the land as it is when you take it. And with all your strength, with all your mind, with all your heart, preserve it for your children; and love it . . . as God loves us all.

One thing we know. Our God is the same God. This earth is precious to Him. Even the white man cannot be exempt from the common destiny. We may be brothers after all. We shall see.

Literaturverzeichnis

Armstrong, Virginia Irving, I Have Spoken – American History Through the Voices of the Indians; Chicago 1971

Augustin, Siegrid C., Red Jacket, ein Seneca-Führer; in: Americana – Zeitschrift für Indianistik 1982, 2. Jg., Nr. 3, S. 44–47

Bemis, James D., Indian Speeches; Delivered by Farmer's Brother and Red Jacket, Two Seneca Chiefs; Canandaigua, New York 1809

Brown, Dee, Bury My Heart at Wounded Knee; London 1980

Chapman, Abraham, Literature of the American Indians – Views and Interpretations; New York 1975

Hamilton, Charles, Cry of the Thunderbird – The American Indian's Own Story; Norman 1950/1977

Jones, Louis T., Aboriginal American Oratory: Los Angeles 1965

Kaiser, Rudolf, Gesang des Regenborgens – Indianische Gebete; Münster 1985

Kaiser, Rudolf, This Land is Sacred – Views and Values of North American Indians; Schüler- und Lehrerband für die Sekundarstufe II, Englisch; Hannover 1986

Kaiser, Rudolf, „A Fifth Gospel Almost" – Chief Seattle's Speeches: American Origins and European Reception; in: Christian F. Feest (ed): Indians and Europe – an Interdisciplinary Collection of Essays; Aachen, Edition Herodot (Rader Verlag) 1987, S. 505–526

Kaiser, Rudolf, Views and Values in American Indian (everyday) Ways of Life: Anmerkungen zum Thema ‚Indianer und Englischunterricht'; in: Helmut Sauer,

Amerikanische Alltagskultur und Englischunterricht; Anglistik und Englischunterricht Bd. 31, Heidelberg 1987, S. 123–134

Kaiser, Rudolf: Seattle's Speech(es): American Origins and European Reception; in: Brian Swann/Arnold Krupat, Recovering the Word; Berkeley, Los Angeles, London (University of California Press) 1987, p. 497–536

Kaiser, Rudolf, Die Stimme des Großen Geistes – Prophezeiungen und Endzeiterwartungen der Hopi-Indianer; München 1989

Kaiser, Rudolf, Gott schläft im Stein – indianische und abendländische Weltansichten im Widerstreit; München 1990

Larson, Charles R., American Indian Fiction; Albuquerque o. J.

Leitch, Barbara A., A Concise Dictionary of Indian Tribes of North America; Algonac, Michigan 1979

Maestas, John R., Contemporary Native American Address; Provo, Utah 1976

Matthews, Washington, Ethnography and Philology of the Hidatsa Indians; Washington 1877

McLuhan, T. C., Touch the Earth – A Self-Portrait of Indian Existence; New York 1971

McNickle, D'Arcy, Native American Tribalism – Indian Survivals and Renewals; New York and London 1973

Momaday, N. Scott. The Way to Rainy Mountain; Albuquerque 1980

Nabokov, Peter, Native American Testimony – An Anthology of Indian and White Relations; New York 1978

Ohiyesa, My Indian Boyhood; New York 1902/1971

Ohiyesa, From the Deep Woods; Boston 1916

Peyer, Bernd (ed.), The Elders Wrote – An Anthology of Early Prose by North American Indians 1768–1931; Berlin 1982

Rich, John M., Chief Seattle's Unanswered Challenge; Fairfield 1970

Schöler, Bo, Images and Counter-Images: Ohiyesa, Standing Bear and American Literature; in: American Indian Culture and Research Journal, 5 : 2 (1981)

Stammel, H. J., Indianerlexikon; München 1979

Stone, William L., The Life and Times of Sa-Go-Ye-Wat-Ha; New York 1866

Terrell, John U., American Indian Almanac; New York 1974

Vanderwerth, W. C., Indian Oratory – Famous Speeches by Noted Indian Chieftains; Norman 1971

Velie, Alan R., American Indian Literature – An Anthology; New York 1976

Vogel, Virgil J., This Country Was Ours – A Documentary History of the American Indian; New York 1972

Washburn, Wilcomb E. (ed.), Logan's Speech 1774; in: Daniel J. Boorstin (ed.): An American Primer; Chicago and London o. J., S. 60–64

Washburn, Wilcomb E. (ed.), The Indian and the White Man; Garden City, New York 1964

Witt, Shirley Hill / Steiner, Stan, The Way – An Anthology of American Indian Literature; New York 1972

Spektrum/Lesezeit

Antoine de Saint-Exupéry
Briefe an seine Mutter
Botschaften eines großen Herzens
Band 4007

Zeugnisse der Sensibilität einer großen Seele und der tiefen Sehnsucht nach Verbundenheit.

Lew Tolstoj
Zeiten des Erwachens
Mit einem Nachwort herausgegeben von Axel Dornemann
Band 4017

Prosa wie Paukenschläge von einem atemberaubend modernen Kenner der menschlichen Seele. Eine Art „Tolstoj-Bibel".

Das Glück liegt auf der Hand
ABC der Lebensfreuden
Herausgegeben von Rudolf Walter
Band 4021

Über hundert kleine Dinge, die des Menschen Herz erfreuen. Frisch und pointiert erzählt von bekannten Autorinnen und Autoren.

José Luis Sampedro
Das etruskische Lächeln
Roman
Band 4022

Erst wenn man wirklich gelebt hat, überdauert das Lächeln auch den Tod. „Eine lesenswerte zeitgemäße Familiensaga!" (Münchner Merkur).

Franz von Assisi
Geliebte Armut
Texte zum Nachdenken
Herausgegeben von Thomas und Gertrude Sartory
Band 4024

Franz von Assisi hat mit seinem Leben gezeigt: Armut ist eine Kraft, von der ungeahnte Lebensfreude ausgeht.

HERDER / SPEKTRUM

Marie Luise Kaschnitz
Zeiten des Lebens
Herausgegeben und eingeleitet von Ulrike Suhr
Band 4029

„Zum Wiederentdecken und Sicheinlassen auf die leisen unaufdringlichen Töne" (Buch-Journal).

Annemarie Schimmel
Die orientalische Katze
Mystik und Poesie des Orients
Band 4033

Die berühmte Orientalistin zeigt hier, wie die Poeten und Weisen des Ostens die Katze, dieses geheimnisvolle Tier, verstanden.

Antoine de Saint-Exupéry
Man sieht nur mit dem Herzen gut
Band 4039

Texte, in denen sich die unsentimentale und daher um so echtere Liebe Saint-Exupérys zum Menschen offenbart.

Harry Pross
Buch der Freundschaft
Band 4044

Auf der Suche nach einer „Kultur der Freundschaft" heute. Ein Buch voll Esprit.

Mircea Eliade
Hochzeit im Himmel
Roman
Band 4056

„Ich träumte von einem Liebesroman, der ganz anders sein sollte als alles, was bis dahin geschrieben worden war" (Mircea Eliade).

HERDER / SPEKTRUM

Leonid Borodin
Die dritte Wahrheit
Roman
Band 4061

Die dritte Wahrheit ist die Wahrheit der Natur, des einfachen Menschen.
Eine Geschichte voll psychologischer Kraft.

Dalai Lama
Zeiten des Friedens
Herausgegeben und eingeleitet von Erhard Maier
Band 4065

Ein großer geistiger Führer unserer Zeit gibt der Sehnsucht nach Frieden
wichtige spirituelle Impulse.

Eugen Drewermann
Das Eigentliche ist unsichtbar
Der Kleine Prinz tiefenpsychologisch gedeutet
Band 4068

Es ist der ewige Traum verlorener Kindheit, der Saint-Exupérys „Kleinen
Prinzen" so faszinierend macht.

Elie Wiesel
Der fünfte Sohn
Roman
Band 4069

Die Geschichte des Juden Reuven Tamiroff, der 30 Jahre lang fälschlich
glaubte, den Mörder seines Sohnes gerächt zu haben.

Antoine de Saint-Exupéry
Briefe an Rinette
Poesie einer Liebe
Band 4076

Vom Charme eines Gefühls, das das Leben verzaubert, erzählen die Briefe
des jungen Antoine. Wundervoll als Geschenk.

HERDER ╱ SPEKTRUM

Thomas Schäfer
Mein allerliebstes Haselnüßchen, ich muß dich knacken
Mann und Frau im Märchen
Band 4083

Eine Entdeckungsreise in die Welt vertrauter Geschichten – und zu den märchenhaften Möglichkeiten der Partnerschaft.

Manjul Bhagat
Anaro oder die Tücken des Alltags von Delhi
Roman
Aus dem Hindi von Heidemarie und Indu Prakash Pandey
Band 4086

Eine Geschichte von der Würde und dem Stolz der Armen und von der Stärke der scheinbar Schwächsten, den Frauen.

Eugen Drewermann
Zeiten der Liebe
Herausgegeben und eingeleitet von Karin Walter
Band 4091

Eugen Drewermanns tiefe und poetische, die Unendlichkeit berührende Texte lassen Wege entdecken zu einem Leben der Liebe.

Ramon Llull
Das Buch vom Freunde und Geliebten
Übersetzt und herausgegeben von Erika Lorenz
Band 4094

Ein Juwel abendländischer Mystik: „Llull spricht überwältigend schön über die Liebe" (Neue Züricher Zeitung).

C. S. Lewis
Dienstanweisung an einen Unterteufel
Mit Illustrationen von H. E. Köhler
Band 4096

Verblüffende Einblicke in die menschliche Seele. Ein höllisches Vergnügen, geradezu „teuflisch" gut.

HERDER / SPEKTRUM